돈이 따르게
하는 습관

돈도 알아주고 인정해주는 사람에게로 간다

돈이 따르게 하는 습관

지은이 | 김진호
펴낸곳 | 북포스
펴낸이 | 방현철

편집자 | 공순례
디자인 | 엔드디자인

1판 1쇄 펴낸날 | 2015년 3월 9일
1판 2쇄 펴낸날 | 2015년 3월 26일

출판등록 | 2004년 02월 03일 제313-00026호
주소 | 서울시 영등포구 양평동5가 18 우림라이온스밸리 B동 512호
전화 | (02)337-9888
팩스 | (02)337-6665
전자우편 | bhcbang@hanmail.net

ISBN 978-89-91120-85-3 03190
값 14,000원

돈도 알아주고 인정해주는 사람에게로 간다

돈이 따르게 하는 습관

김진호 지음

북포스

프롤로그

부자를 만드는 건 습관이다

어린 시절 비가 오는 날이면 슬리퍼를 신고 우산을 쓴 채 온 동네를 휘젓고 다녔다. 비 오는 게 너무 좋아 물웅덩이마다 첨벙거리며 돌아다녔다. 우산을 젖히고 수많은 빗방울이 떨어지는 광경을 한참 쳐다보며 똑같은 모양으로 떨어지는 빗방울이 혹시 없을까 궁금해했다. 아무리 오래 관찰해도 같은 모양으로 비가 내리지는 않았다. 하나의 빗방울조차 시시각각 그 모습이 달랐다. 삶의 순간순간 역시 이처럼 모두 다르고 끊임없이 변화한다.

흐르는 강물처럼 시간은 흘러간다. 오프라 윈프리는 《내가 확실히 아는 것들》에서 이렇게 말했다. "나는 내게 주어진 시간을 사용하는 방법이 나라는 사람을 정의한다고 확신한다." 지금 무슨 생각을 하고 어떻게 살아가느냐가 내일 다가올 현실을 결정한다.

현재는 과거를 비추고 미래를 보여준다. 과거, 현재, 미래가 한 꿰미에 꿴 꼬치처럼 이어져 있다. 지금 이 순간 우리는 타임머신을 타고 과거의 경험을 지닌 채 미래를 오가며 삶을 창조하고 있는 것이다.

카페에서 카페라떼를 주문하려고 했는데 문득 나도 모르게 아메리카노를 주문하는 실수를 하기도 한다. 마음속에 아메리카노를 계속 떠올리고 있었기 때문이다. 원하는 것과 생각하는 것이 일치하지 않을 때 자주 일어나는 현상이다. 평소 생각을 통제하지 않으면, 원하는 것이 무엇인지 알고 있더라도 일상의 작용에 반작용처럼 발생하는 생각의 지배를 받게 된다.

돈이 나를 따르게 하고 싶다면 가장 먼저 부자의 마음과 습관을 지녀야 한다. 전등갓에서 새어나오는 불빛처럼 우리 안에서부터 풍요로움이 흘러야 한다. 가난한 마음과 습관을 가지면 아무리 노력해도 가난을 벗어날 수 없다. 설령 금전적으로 풍요로워지더라도 내면이 공허하기 쉽다. 가족, 건강, 자유. 이 세 가지 중 어느 하나라도 갖추지 못한 부자라면 그는 진정한 부를 이룩한 사람이 아니다. 돈을 모으고 싶다면, 진짜 부자가 되고 싶다면 부유해지고 난 후의 상태를 목표로 정하고 그대로 따르며, 부의 흐름이 자신을 거쳐 흐르도록 해야 한다.

사람은 누구나 인정받기를 원한다. 돈도 마찬가지다. 자기를 잘 이해하고 알아주는 사람을 따르게 되어 있다. 열심히 일하고, 악착같이 저축하는데도 돈이 늘 도망만 가는 이유가 여기에 있다. 돈을 잘 알고, 진심으로 좋아해 주어야 한다.

돈을 만드는 기업에서 일하는 동안 눈에 보이는 돈 자체에 대한 이해를 시작으로 돈에 익숙해졌고, 돈의 속성을 탐구하면서 자연스럽게 부자 마인드를 연구하는 데까지 발전했다. 모여 있기를 좋아하는 돈의 속성을 파헤치며 마음의 작용에 대해 눈을 떴고, 어떻게 해야 원하는 바를 이룰 수 있는지를 깨우쳤다. 궁극적인 답은 부자 마인드에 있었다.

내가 어떻게 부자 마인드를 갖추게 되었는지 이 책에서 나 자신의 경험을 진솔하게 낱낱이 밝혔다. 나는 사회가 정해놓은 단계를 순서대로 밟아오며 이 시대 청년이라면 누구라도 겪을 수 있는 실패를 대부분 경험했다. 직장을 구하지 못한 상태로 대학을 졸업했고, 88만원 세대로 살아도 봤다. 돈에 대한 무지로 첫사랑과 이별하며 홀로 힘든 시간을 견뎌내기도 했다. 지금 현재 누군가는 내가 경험했듯이 온통 깜깜한 터널을 지나고 있을지도 모른다. 그들에게 말하고 싶다. "끝이 보이지 않는 터널에서 빛을 볼 수 있다면 이미 그 터널 같은 시련은 어둠 대신 빛이 되는 삶의 자산이다"라고.

터널에서 빛을 밝히려면 '설렘'이라는 불꽃이 일어야 한다. 오늘 하루가 어땠는지 돌이켜보자. 한순간이라도 가슴이 뛰었다면,

감전된 듯 찌릿한 설렘을 느꼈다면 가치 있는 날이었다고 말할 수 있다. 한 순간이라도 심장이 뛰고 가슴이 뜨거워진다면 당신은 그 순간과 온전히 하나가 된다. 시간을 흘려보내는 것이 아니라 시간 속에 느낌이 꽉 차오른 상태로 살아 있게 된다. 그것이 바로 현재를 사는 유일한 방법이다. 매 순간 행복한 감정을 만들어내기 때문이다. 가슴이 뛰는 일을 하는 사람은 언제나 살아 있음을 느끼고 마음이 즐겁다. 부자가 되어서 어떤 일을 하고 있을지 마음 상태는 어떠할지를 상상하며 그대로 실천한다면, 당신은 이미 부자다.

개인적으로 힘든 경험을 겪고 나서 책을 쓰기 시작했고 부를 공부하고 실천하며 부자 마인드를 가질 수 있게 됐다. 모든 삶의 경험을 값지게 키워주며 사랑으로 감싸준 가족, 책 쓰기의 처음부터 끝까지 길을 가르쳐주신 한국책쓰기 · 성공학코칭협회의 김태광 작가님을 비롯한 꿈친구들에게 고개 숙여 감사의 마음을 전한다. 특히 다가오는 봄 평생 반려자가 되는 나의 신부 조예은 작가에게 고맙고 사랑한다는 말을 해주고 싶다.

이 책을 쓰기로 결심한 후부터 원고를 완성하기까지 체중이 15킬로그램이나 줄었다. 그야말로 내 모든 것을 바쳐서 혼을 불어넣었다. 누군가 이 책을 읽고 삶에 힘이 되고 돈과 부를 이해하는 디딤돌로 삼을 것을 확신하며 가슴으로 써내려갔다.

부자로 살아가려면 내면에서부터 변화해야 한다. 이 책을 읽고 내면의 한계를 뛰어넘어 자신만의 소명을 찾아 실천함으로써 매일이 행복하기를 희망한다. 나아가 부자 마인드를 가지게 된 사람들이 부유하고 풍요로운 삶을 가꾸는 데 이 책이 일조할 것이라 믿는다.

2015년 1월에

김진호

당신은 왜 평범하게 노력하는가.
시시하게 사는 건 원치 않으면서!

-존. F. 케네디

차 례

2장 적게 벌어도 잘사는 사람들의 비밀

3장

돈도 알아주는 사람을 좋아한다

4장 돈이 따라오는 사람들의 남다른 습관

• 1장 •

왜 열심히 사는데도
돈은 도망가는 걸까?

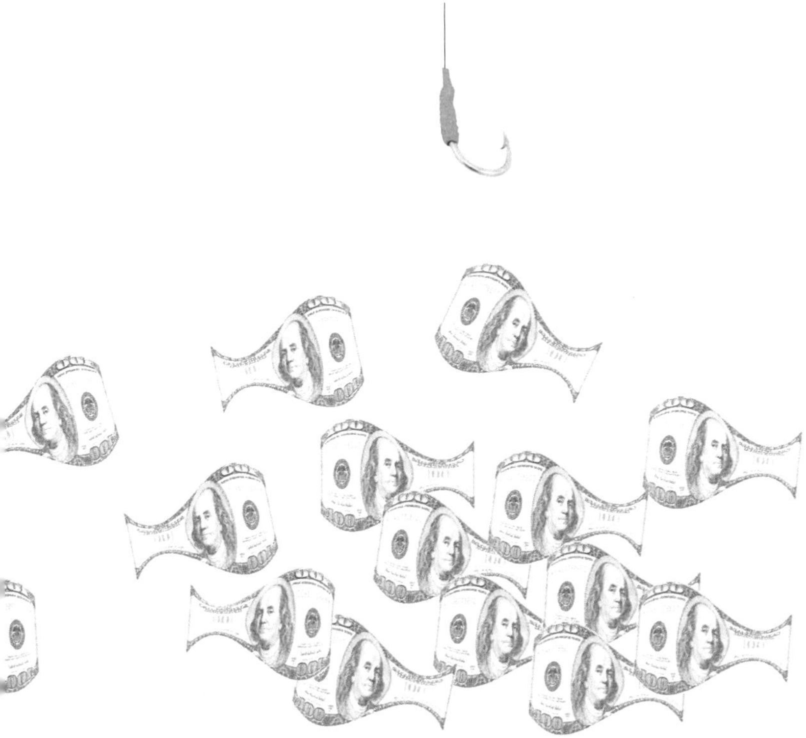

01

돈에 대해 공부해본 적 있는가

"한 푼 두 푼 모아서 결혼하고 집도 사고 차도 사야지!"

"열심히 일하고 저축해서 돈을 모아야 한다."

"다른 생각 말고 직장 꾸준히 다녀서 번듯하게 살아라."

"월급만 잘 모아도 남부럽지 않게 살 수 있어."

사회에 첫발을 내디뎠을 때 세상이 건넨 말들이다. 직장을 정년까지 다니며 수입의 대부분을 모아야 한다고 생각했다. 어렸을 때부터 '부지런하고 알뜰하게 재물을 아낀다'는 뜻의 근검절약이 돈에 대한 나의 가치관이었다. 돈에 대해 어떻게 공부해야 하고, 무엇을 알아야 하는지 배운 적도 들은 적도 없었다. 누구나 결혼하기 위해선 결혼자금이 필요하고, 살 집이 있어야 한다. 하지만 대부분의 사람은 필요에 의한 결과만 생각하지, 돈을 모으기 위해 어떤 과정을 거쳐야 하는가에는 별 관심이 없다. 나 역시 30여 년을 그렇게 살아왔다. 그러다가 2013년에야 돈도 자기를 알아주는 사람을 따른다는 사실을 알게 되었다. 단순히 재테크가 아니라 돈 자체를 이해하는 데서부터 시작해야 한다는 말이다.

"돈은 생물이다." 이 말은 만화가 박봉성의 《대박과 쪽박》의 부제다. 만화책을 잘 안 보던 나도 부제에 이끌려 만화를 봤고, '그래 이거야!'라며 수없이 감탄했다. 돈은 마치 생물과 같아서 내가 귀하게 대하면 나를 귀하게 만들고 하찮게 대하면 하찮게 만든다. 거울에 비춘 것처럼, 돈은 자기 생각이 반영된 채로 움직인다. 그렇다면 스스로를 긍정적으로 바라보고 돈과 긍정적 영향력을 주고받는 관계를 만들어야 하지 않겠는가.

2013년은 돈에 대한 내 생각이 180도 바뀐 해였다. 계기는 우연히 찾아왔다. 오랫동안 사귀던 여자 친구와 여름에 헤어지고 나서 거의 두 달간을 혼자 술을 마시며 실성한 사람처럼 울곤 했다. 체중은 10킬로그램가량 불어났고 정신은 피폐해져가는데 슬픔을 나눌 사람이 없었다. 뭔가 잘못 살아왔다는 느낌이 들었다. 나를 그토록 사랑했던 여자 친구가 떠나가 절망감을 가눌 길이 없었지만, 너무나 힘들다며 손 내밀어달라고 말할 사람이 단 한 명도 없었다. 지금껏 내가 살아온 방식이 틀렸음을 그녀를 떠나보내고 나서야 깨달았다. 그동안 나는 자신을 믿지도 못했고 사랑하지도 못했다. 나를 믿지 못하니 어떤 사람을 만나도 믿지 못하는 버릇이 있었다. 나를 사랑하지 않으니 다른 누군가를 사랑으로 감싸줄 수도 없었다. 다른 사람에게 사랑을 베풀지도 않았고 믿음을 주지도 않았기 때문에 내가 힘들 때 누구에게서도 도움을 받을 수 없었던 것이다.

나는 당시 많은 외로움과 고독과 마주하며 앞으로는 달라지기로 했다. 나를 사랑하기로 한 것이다. 있는 그대로의 나를 바라보기로 했다. 그제야 내가 무엇을 좋아하고 어떤 것을 잘하는지 뚜렷해졌다. 바로 책을 쓰는 일이었다. 글로 나의 생각과 감정을 풀어낼 때면 무한한 자유를 느끼곤 했다. 그래서 책을 쓰기 위한 준비를 해나갔다.

3개월이 흐른 어느 날, 전 여자 친구의 결혼소식을 접하게 됐다. 당시 충격에 휩싸였지만 그녀가 잘 살기를 바랐다. 그리고 어머니께 그 소식을 전해드렸다. 그러자 어머니는 "네가 가진 3,000만 원 중에 1,000만 원을 그 아이에게 보내주거라"고 말씀하셨다.

나는 그 말씀에 무척 놀랐다. 그때까지도 내가 돈에 대해 가지고 있는 생각은 '아껴 쓰는 게 미덕'이라는 게 전부였다. 그래서 데이트를 할 때 그녀가 다리가 아프다고 해도 택시 타는 건 생각도 하지 않았고, 목이 마르다며 커피숍에서 뭐라도 마시자고 하면 핀잔을 주기 일쑤였다. 나는 그렇게 돈에 대해 틀에 박힌 좁은 생각만 가지고 살아왔다. 그런 절약 정신을 어렸을 때부터 심어준 분이 어머니시다. 그러니 어떻게 놀라지 않겠는가. 어머니는 내가 그간 얼마가 됐건 돈을 모았다면 거기에는 그녀의 역할이 컸음을 알고 계셨던 것이다.

그녀가 결혼하기 1주일쯤 전에 만났다. 서로의 물건들을 돌려주고 내가 쓴 손편지를 전해주기 위해서였다. 그 편지에 나는 이렇게 썼다.

그동안 나 자신도 못 믿는 나를 믿어주고, 나 자신도 사랑하지 못했던 날 사랑해줘서 정말 고마웠어.

마음이 아팠다. 눈물이 나려는 걸 간신히 참았다. '혹시 붙잡으면 되돌릴 수 있을까?' 라고 스스로에게 물었지만, 그래선 안 된다는 걸 잘 알았다. 집에 돌아와서 또 바보처럼 눈물바람을 했다.

그런데 그즈음 이상한 일들이 일어났다. 돈을 선뜻 주고 나니 '돈에 대한 두려움'이 사라졌다. 예전 같으면 길을 가다 목이 말라도 생수 사 먹을 생각을 하지 않았다. 돈이 아까워 참았다. 그런데 일주일 후 나는 턱 하니 명품 장지갑을 샀다. 내가 봐도 신기한 변화였다.

자신을 사랑하기로 마음먹고, 돈에 대한 두려움이 사라지니 나를 위한 물건을 살 수 있었다. 백화점에서 루이뷔통 장지갑을 사 들고 나오는 길에 '혹시 내가 미치지 않았나?' 하는 생각이 여러 번 들었다. 하지만 그때마다 결론은 미치지 않았고, 통쾌하다는 것이었다. 돈에 눌려 살아왔던 낡은 틀을 깨버렸기 때문이다.

돈에 대한 인식이 바뀌고 나니 마음이 평화로워졌고 진짜 원하는 일을 할 수가 있었다. 돈은 마음의 산물이다. 돈을 좋아하면 돈이 나를 따르고 돈을 싫어하면 돈도 나를 싫어한다. 만약 돈을 두려워한다면 돈이 나를 얕잡아보고 내게서 멀어져갈 것이다. 자꾸 얇아져만 가는 지갑과 줄어드는 수입의 원인은 밖이 아닌 바로 나 자신에게 있다. 마음의 운용 방법에 대해 배우지 않으면 돈에 대해 알 수가 없다. 어떻게 바라보느냐에 따라 내게 돈이 끌려올 수도 있고 밀려날 수도 있다.

소설가 이외수는 "돈은 돈을 아름답게 생각하는 사람에게 따를 것이다. 흔히 '돈이 웬수'라고 말하곤 하는데, 돈을 욕하는 사람에겐 돈이 따르지 않는다"라고 말한다. 그는 경제 주간지 〈머니위크〉와의 인터뷰에서 돈에 대해 다음과 같이 말했다.

"돈이 얼마나 아름다운지 돋보기로 한 달 동안 관찰한 적이 있습니다. 돈에는 많은 장치와 그림이 들어 있습니다. 그것만 보더라도 돈은 아름답습니다. 단위가 높을수록 더 아름답더군요. 이렇게 돈을 관찰하면 미워하지 않는 데 도움이 됩니다. (…) 돈을 잘 못 벌거나 잘 못 쓰는 사람이 잘못된 것이지, 돈 자체에는 아무 잘못이 없습니다. 그런데도 돈을 욕하고 미워하죠. 그러는데, 돈이 따라오겠습니까. 세상의 모든 이치가 그렇듯 미워하는 것은 가까이 오는 법이 없습니다. 돈이 아름답다고 생각해야 경제적 어려움에서 벗어날 수 있습니다."

어떻게 바라보느냐에 따라 상대의 반응도 달라지는 법이다. 그 대상이 생물이든 무생물이든 같은 원리가 적용된다. "미친 짓이란, 같은 일을 반복하면서 다른 결과를 기대하는 것이다." 아인슈타인이 한 말이다. 다른 결과를 얻고 싶다면 새로운 다른 것들에 도전해야 한다.

돈이라고 해서 다를 리 없다. 그 첫걸음이 돈에 대해 제대로 된 공부를 하는 것이라고 생각한다. 돈이 어떤 속성을 가지고 있는지, 어디에서 와서 어디로 흘러가는지 말이다. 이런 돈에 대한 연구기반이 쌓여 있을 때 돈은 원수가 아닌 아름다운 꽃이 된다. 나에게로 모이게 되는 것이다.

세계 최고의 '위폐감별 전문가' 서태석의 《서태석의 진짜 인생》에서 돈에도 표정이 있음을 진짜 돈과 가짜 돈을 예로 들어 설명했다.

진짜 돈에는 표정이 있다. 그리고 진짜 돈은 젠체하지 않는다. 그러나

> 가짜 돈에는 표정이 없다. 그리고 무엇보다 가짜는 지나치게 매끄럽다. 가짜 돈에는 진짜 돈처럼 굴기 위해 꾸민 흔적이 역력하다. 덜미는 거기서 잡힌다. (…) 화폐 대부분에 들어가는 인물 사진을 모방하는 일이 위폐를 만들 때 가장 어려운 부분이라는 점을 알아냈다. 위폐 속 인물은 어딘가 어색했다. 인물의 표정도 진솔하지 않고 무엇보다 돈의 질감이 지나치게 매끄러웠다.

인물의 초상화를 모방하는 것이 가장 어렵다는 얘기다. 전 세계 대부분의 지폐에서 각국의 대표적 인물들을 볼 수가 있다. 그리고 인물은 요판잉크로 볼록하게 인쇄했기 때문에 손끝으로 만졌을 때 종이와 잉크의 높이 차이로 오돌토돌함을 느낄 수 있다. 위조지폐는 이 요판인쇄가 어려워서 지나치게 매끄럽게 느껴진다.

이런 지식은 돈에 관심을 기울이지 않으면 절대 알 수가 없는 것들이다. 관심을 갖고 알게 되면 보이지 않던 것들을 볼 수 있다. 돈이 가진 표정뿐만 아니라 숨겨진 그림까지 숨은 그림 찾듯 찾아낼 수 있다. 정말 무언가를 원할 때는 원하는 것에 스물네 시간 신경을 쓰면서 관찰하고 공부하면 된다.

당신은 궁핍하지 않고 부유하게 살고 싶을 것이다. 그렇다면 먼저 돈에 대해 공부해야 한다. 돈은 자기를 알아주는 만큼 따른다. 그래서 부자들 중에는 무작정 돈을 좇기보다 돈에 대해 공부하고 연구하는 사람들이 많다. 돈도 공부해야 모이고 내 것이 된다는 것을 기억하자.

02

차비 절약하다가 놓친 할머니 임종

2002년 여름 자전거 전국일주를 하면서 전남 장성군의 할머니 댁에 들렀다. 내가 다시 길을 떠나는 날, 할머니는 아침으로 내게 녹두죽을 쑤어주셨고 비닐봉지에 계란 네 알을 싸주셨다. 장성에서 익산을 향해 가는 길에서 계란을 까먹으며 허기를 달랬는데 이제 와 떠올려보니 모두 그리운 장면들이다. 그래서 녹두죽을 먹을 때면, 삶은 계란을 깔 때면 어김없이 할머니가 생각난다.

2005년 2월, 설을 쇠고 돌아온 서울 자취방에서는 요가 흥건히 젖어 있었다. 한 달 동안 방을 비웠더니 바닥에 깔아둔 요가 온 방의 습기를 다 머금은 것이다. 그 한 달 전 할머니가 위독하시다는 소식을 듣고 서둘러서 짐을 챙겨 우선 부모님 댁으로 향했다. 당시에는 할머니가 어느 정도 위독하신지 잘 몰랐다. 그저 설이 가까워져 오고 두 번 왔다 갔다 하면 차비가 이중으로 들어가니까 설이 오기만을 기다리고 있었다. 큰형이 "할머니께서 너를 보고 싶어 하신다"고 말을 전해주었는데, 그 말을 듣고서도 할머니를 바로 찾아뵙지 않았다. 그땐 그만큼 어리석었다.

할머니는 설 전에 돌아가셨다. 오랫동안 앓아온 대장암 때문이었다. 6 · 25 당시 할아버지가 돌아가시고 한평생 두 아들을 키우며 홀로 억척스레 살아오신 할머니는 그렇게 보고 싶어 하던 손자 얼굴 한 번 더 보지 못하시고 세상을 떠나셨다. 할머니의 임종 소식을 듣던 날 밤 아버지는 양동이를 눈물로 채울 것처럼 울음을 그치지 못하셨다. 기어코 술에 취한 채로도 운전해서 빈소로 가시겠다는 아버지를 말려서 다음 날 출발했다.

할머니는 비쩍 마른 주검으로 누워 계셨다. 한마디 말도 나누지 못한 채 할머니는 다른 세상으로 이미 넘어가신 것이다. 장례식을 마치고 동네 어른들께서 꽃상여를 해주셔서 할머니는 밭 한가운데 볕이 잘 드는 곳에 묻히셨다. 할머니는 지금도 문득문득 기억나고, 너무나 그리운 분이다. 왜 내가 그때 어리석게도 차비 걱정을 하며 찾아가지 않았을까 두고두고 후회가 된다. 나를 그토록 보고 싶어 하신 할머니를 말이다.

나는 어렸을 적부터 절약이 최고 미덕이라고 생각해왔다. 무엇을 하든 돈을 아낄 수 있다면 어떤 것도 희생할 수 있고, 다시 회복할 수 있다고 생각했다. 그만큼 시간이란 자원이 흔하게 느껴졌고 언제든 다시 하면 된다고 여겼다. 흔히 '시간이 흘러간다'고 표현한다. 한 번 흘러가 버리면 영영 같은 시간에 존재할 수가 없다. 그런데도 절약이란 미덕에 너무나 치우친 나머지, 균형을 지키지 못하고 시간을 버리는 어리석은 행동을 해버린 것이다. 만약 돈을 주고 시간을 살 수 있다면 과거로 돌아가 할머니를 찾아가고 싶다. 그 메마른 손을 꼬옥 잡아드리고 싶다.

몇 년 전, 헤어지기 전 여자 친구와 서울에 강연을 들으러 왔을 때였다. 그날 그녀는 새 구두를 신었는데 발뒤꿈치가 빨갛게 다 까졌다. 그녀는 아파서 도저히 참을 수 없다며 백화점에서 가서 운동화를 사야겠다고 했다. 그런데 내가 반대를 해서 하는 수 없이 반창고만 붙인 채로 불편하게 걸어 다닐 수밖에 없었다. 그녀가 자신의 카드로 운동화를 산다는데도 왜곡된 절약 정신을 가졌던 나는 계획에 없던 무언가를 산다는 게 싫어서 극구 반대했다. 그렇게 그녀에게 발뒤꿈치와 마음에 상처를 남긴 하루였다.

30대에 자수성가한 백만장자 사업가이며 발명가인 엠제이 드마코의 《부의 추월차선》에서는 부의 3요소를 다음과 같이 정의하고 있다.

> 부는 물질적인 소유물이나 돈, 또는 '물건'이 아니라 3F로 이루어진다.

> 3F는 부의 3요소로 가족(Family, 관계), 신체(Fitness, 건강), 그리고 자유(Freedom, 선택)를 말한다. 3F가 충족될 때 진정한 부를 느낄 수 있다. 즉, 행복을 얻을 수 있다. (…) 내 인생에서 부유함을 느낀 순간은 가족들과 친구들과 사랑하는 사람들에게 둘러싸여 있는 바로 그 순간이었다.

부를 축적하고자 절약하는 생활을 한다면 그 끝에 무엇을 이룰 것인지 늘 염두에 둬야 한다. 부는 일종의 상태이다. 원하는 모든 것을 이뤘을 때 가장 소중한 것을 먼저 챙기게 되어 있다. 그중에서 손꼽히는 것은 가족이다. 가족의 안위와 건강을 위해 우리는 치열하게 살아가고 있다. 주중과 주말 5:2라는 시간 교환의 계약을 맺고 5일을 일하고 2일을 쉬는 쳇바퀴를 끊임없이 돌린다. 누구나 시간의 자유를 원하고 하고 싶은 것만 할 수 있길 바란다. 하지만 가족이 있기에 버티는 것이다.

부의 3요소 중 첫 번째인 가족이 수단이자 습관인 절약 정신 때문에 피해를 당하지 않도록 해야 한다. 끝을 보지 못하고 목적을 잊은 채 수단에만 집착하면 자신도 모르게 실수를 저지를 수 있다. 가장 소중한 가족들과 자신에게 돈 때문에 잊을 수 없는 상처를 남길 수도 있다. 눈을 크게 뜨고 가장 먼저 지켜야 할 것이 무엇인지 둘러보자. 그러면 가족과 가까운 사람들에게 상처를 주는 일이 줄어들 것이다.

대한민국 최초로 원생들에게 아침밥을 해주는 '예아뜨 유치원'의 이미화 원장. 그녀는 《당신이 살아온 기적이 누군가에겐 살아갈 기적이 된다》에서 삶의 핵심가치에 대해 이렇게 말했다.

> 삶에 핵심가치가 없으면 우리는 결핍의 욕구를 채우는 데 급급한 삶을 살게 될 것이다. 무엇이 가치를 결정하는가에 대한 답은 스스로 구해야 한다. 세상을 움직이는 사람이 되고 싶다면 먼저 자신을 감동시키는 사람이 되어야 하지 않겠는가? 결핍의 욕구만을 채우기 위한 삶을 산다면 가치를 추구하고 이루는 일은 없게 될 것이다.

특정한 가치를 따르지 않고 때에 따라 삶의 기준을 정해 의사결정을 한다면 아마 갈팡질팡하는 삶이 될 것이다. 가장 소중한 것을 잃고 나서 땅을 치며 후회하지 않으려면 이 원장의 말처럼 삶의 핵심가치를 정해야 한다. 가족, 건강, 자유 등이 그러하다. 그저 삶의 여백을 채우기 위함이 아니라 부를 성취했을 때에도 가장 소중하게 여길 가치들을 따라 살아야 한다.

나는 저서 《버킷리스트 3》에서 '좋은 아들 되기'라는 주제로 글을 썼었다. 부제는 '에쿠스 타고 남해에 가서 죽방멸치 사기'이다. 이상하게 들릴지 모르지만 그것이 우리 어머니의 소원이었다. 에쿠스를 타고 남해에 가서 죽방멸치를 사는 것. 나의 삶이 송두리째 바뀐 이후에 책을 쓰기 시작했고, 가장 소중한 사람인 어머니의 소원을 먼저 들어드려야겠다고 생각해서 첫 번째 버킷리스트로 꼽았다. 예전 같았으면 상상도 못 했을 호화로운 소원을 들어드려야겠다고 결심했다.

소원을 책에 쓰고 언제 에쿠스를 살 수 있을지 고민했던 적이 있다. 보란 듯이 차를 샀을 때에야 비로소 어머니를 모시고 죽방멸치를 사러 갈 수 있다고 생각했다. 그러다가 어느 순간 에쿠스를 빌려서 남해에 다녀오면 어떨까 하는 생각이 들었다. 그대로 어머니께 말씀을 드렸다. 그랬더니 어머니는 죽방멸치는 나중에 사도 괜찮으니 먼저 핸드백을 사달라고 하셨다. 평생 가족 뒷바라지만 하시느라 자기 핸드백 하나 변변히 장만하지 못하셨던 어머니께 평생 처음으로 제대로 된 선물을 사드렸다. 선물을 사려던 예산에서 남은 돈 200만 원은 옷 사 입으시라고 송금해드렸다.

부자로서 추구할 가장 소중한 가치는 '가족의 건강'과 '행복'이다. 그래서 내가 수많은 버킷리스트 중에서도 가장 먼저 이룬 것이 어머니의 소원 들어드리기였다. 물론 아버지의 소원인 과수원 옆 땅을 매입하는 것도 3년 내에 이뤄드릴 것이다.

'소중한 것을 지킵니다.'

팩 음료수를 먹다가 겉에 적힌 문구가 눈에 들어왔다. 용기를 만든 테트라팩이라는 기업의 모토인데, 계속 기억에 남았다. 우리 삶에서 가장 소중한 가치는 사랑이다. 사랑이라는 소중한 가치를 지켜주는 테트라팩은 부유한 마음이다.

지금 부자인지 아닌지는 그리 중요하지 않다. 마음속에 이미 부자 마음을 갖고 있다면 소중한 가치가 우선이 된다. 그럴 때에야 비로소 수단이 아닌 가치를 소중히 지킬 수 있다. 사랑을 지키는 부유한 마음을 지녀야 한다.

03

자녀교육과 노후 준비의 딜레마

통계청이 발표한 사교육비 조사 결과에 따르면 2013년 초·중·고교 학생 1인당 월평균 사교육비는 23만 9,000원이라고 한다. 사교육을 받는 학생만을 놓고 본다면 1인당 월평균 사교육비가 34만 7,000원이나 된다. 자녀가 두 명이면 대략 한 달 사교육비만 70만 원을 훌쩍 넘어간다. 주위에서 자녀교육비에 세 자릿수가 든다는 말을 흘려들었는데 통계자료를 접하고 나니 실감이 됐다.

〈매일경제〉 2014년 7월 21일, 송성훈·배미정 기자가 쓴 '초저금리시대 예금이자 1%대 눈앞'이란 기사를 눈여겨볼 필요가 있다. 1년 만기 정기예금의 세후 금리가 2% 초반으로 떨어졌다는 내용이다. 앞으로 한국은행의 기준금리 인하 여부에 따라 1%대 시대가 당겨질 수도 있다는 전망이다. 그렇다면 매달 100만 원을 사교육비에 투자하는 것은 정기예금 연이율을 최대 2.5%로 볼 때 자녀에게 약 4억 8,000만 원을 투자한 것이나 마찬가지다.

고득성은 《돈 걱정 없는 노후 30년》에서 자녀교육과 은퇴 준비의 상관관계에 대해 다음과 같이 소개하고 있다.

> 지금 자녀교육에 모든 것을 바친 후 자녀에게 부양의무를 지울 것인지, 지금 자녀교육을 일부 희생하는 대신 은퇴 후 자녀에게 짐을 지우지 않을 것인지를 결정하는 문제다. (…) 자녀가 당신 부부를 부양한다면 26년의 취업기간 내내 부양의무를 안게 된다. 그렇다면 당신이 사랑하는 자녀, 당신이 그렇게 성공하기를 바라마지 않는 자녀는 당신이 바라는 대로 성공하기 어려울 것이다. 자신의 노후 대비를 희생하면서 자녀교육에 모든 것을 바치는 것은 결코 자녀를 위하는 것이 아니다.

자녀를 둔 30대에서 50대의 부모 대부분은 자녀들의 사교육비가 부담이 될 것이다. 월급 등의 수입으로 충당되지 않으면 대출까지 받아서 교육비를 충당하다가 '에듀푸어(교육 빈곤층. 부채가 있고 적자 상태임에도 평균보다 많은 자녀교육비를 지출하고 빈곤하게 사는 가구)'로 전락하는 사례가 적지 않다.

〈충북일보〉 2014년 5월 11일 자에 유춘원 충북 사회복지사협회

회장이 에듀푸어에 관해 쓴 기고문을 살펴보자.

> 현재 이러한 에듀푸어 가구는 82.4만 가구, 가구원 수는 305만 명으로 추정하고 있으며 자녀의 교육비 지출이 있는 총 632.6만 가구의 13.0%가 에듀푸어로 분류되고 있다. 에듀푸어의 구조적 특징은 크게 세 가지로 1) 전체 평균에 비해 50% 이상 많은 자녀교육비를 지출하고 있는 가구로서, 소비지출의 28.5%를 자녀의 교육비로 지출한다. 특히 중고등학생을 둔 에듀푸어의 경우, 사교육 부담이 증가하면서 전체 지출의 85.6%를 자녀 사교육비 지출로 사용하고 있다. 2) 에듀푸어는 소득보다 가계지출이 많아 항상 적자 상태로, 소득의 22% 수준인 월평균 68.5만 원씩 매달 가계 적자를 기록하고 있다. 3) 에듀푸어의 주된 가구 층은 대졸 이상 40대 중산층에 속하는 가구로서 총 26.1만 가구, 가구원 수로는 102.9만 명으로 이 또한 전체 에듀푸어 인구의 3분의 1에 해당하는 31.7%이다.
>
> – 현대경제연구원, 2012.8.27, 국내 가구의 교육비 지출 구조분석

앞에서 언급한 것처럼 자녀교육비 투자가 과하면 은퇴자금이 줄어들기 마련이다. 더욱 심각한 건, 에듀푸어로 전락하기 때문에 현재의 삶부터 행복해지지 않는다는 것이다. 인적자원을 개발해야 하는 우리나라의 무한경쟁 사회에서 옆집 아이가 배우는 것을 내 아이에게 안 가르칠 수가 없다. 적어도 뒤처지지는 않아야

한다는 생각을 갖는 것이 일반적인 학부모의 마음이다. 혹여 다른 아이들보다 앞서나가려고 영어 유치원 또는 국제학교에 보내거나 조기유학을 시킨다면 그 비용은 대기업 부장의 월급을 모조리 투자해도 모자랄 판이다.

지인 중 한 사람은 서울 강남구 대치동에서 자녀를 교육하는데, 그야말로 할 수 있는 모든 교육을 최고 수준으로 하고 있다고 했다. 그 아이 한 명에게만 한 달에 수백만 원이 들어서 유학을 보내는 것도 나쁘지 않다고 할 정도라는 것이다. 우리나라 교육 중심지 대치동의 사교육비 규모가 어느 정도인지를 미루어 짐작할 수 있다.

나는 고등학교 때까지 사교육을 받은 일이 거의 없다. 심지어 사교육을 받는 친구는 학교 공부만으로 성적을 올리는 게 힘들기 때문에 사교육을 받는 것이라고까지 생각했다. 그런데 대학교에 진학하고 보니 이것저것 취업을 위해 배워야 할 것이 많았다. 등록금, 생활비, 주거비, 책값, 학원비, 각종 자격증 시험 비용 등 지출할 곳이 너무나 많았다. 취업 준비를 하는 사람들은 남들 다 하니까 나 혼자 하지 않으면 불안해서, 그저 도움이 될까 봐, 노력한 흔적을 남기기 위해서라는 여러 가지 이유로 부모님의 도움을 많이 받았다.

특히 나는 중어중문학과라서 중국 어학연수가 필수코스였는데 그 비용 또한 만만치 않았다. 이 모든 걸 부모님께서 온전히 감당

해주셨다. 다행히 늦은 나이에라도 취직을 해서 자립적으로 생활하고 있지만 20대 중반까지는 전적으로 부모님의 도움만 바라며 살았다고 해도 과언이 아니다.

나는 대학을 졸업한 지 6년 정도 됐지만, 과거의 나처럼 부모님의 도움만 바라보며 사는 대학생들은 여전히 많다. 그들은 스스로를 '등골브레이커'라 부르며 자조하고 있다고 한다. 원래 등골브레이커는 초중고생들 사이에 유행했던 겨울용 점퍼 브랜드를 지칭하는 용어였다. 왜냐하면 누구나 갖고 싶어 한 옷이었지만 부모님의 등골을 빼먹을 정도로 고가였기 때문이다. 그런데 이제는 그 말을 대학생들이 자신들을 가리키는 말로 가져다 쓰는 것이다.

나 스스로 경험했던 대학생 사교육비마저도 규모가 그토록 엄청났는데, 등록금 상승률이 늘 물가상승률을 비웃듯 앞지르고 있는 이 시대에 시간이 갈수록 부모님들의 부담은 늘어갈 수밖에 없다.

〈매일경제〉 2014년 9월 12일 자 사설 '국민연금 수익률 세계 꼴찌 수준 대책 강구하라'에선 노후자금의 안정성이 흔들리고 있음을 보여주고 있다. 2013년 국민연금 운용수익률이 4.2%로 주요 국가 연기금 열한 개 중 꼴찌로 평가됐다. 국민연금 수익률이 이 정도면 기금 소진 시기가 앞당겨지고 국민의 노후생활도 불안해질 수밖에 없다. 노후자금의 핵심 축인 국민연금의 수익률마저 믿고 맡기지 못할 정도로 저조하다면 국민연금을 기반으로 어떻게 노후를 계획할 수 있겠는가. 직장인이 급여를 받기도 전에 떼어가면서 말이다.

최근 뉴스만 놓고 보자면 자녀 세대는 무한 경쟁 속 취업난, 부모 세대는 안정적 노후 준비로 서로 충돌을 피할 수가 없다. 양자택일을 해야 하는 궁지로 몰리기 쉬운 상황이다. 자녀의 삶과 부모의 삶을 별개로 놓고 볼 때 서로 자신만의 삶을 챙긴다면 결론은 간단하다. 하지만 자녀가 원하는 것을 하지 못해 어깨가 처질 때 가만히 내버려둘 부모가 세상에 얼마나 있겠는가.

더욱 현명해져야 한다. 양자택일의 상황을 한 번에 두 마리 토끼를 잡는 기회로 전환해야 한다. 둘 중 하나만 선택해야 하는 좁은 선택지를 가졌다고 생각해선 안 된다. 다른 선택은 언제나 존재한다. 이미 깔아놓은 판에 갇혀 자신의 사고를 한정시키지 않아도 된다. 두 마리 토끼를 잡을 수 있다고 생각을 전환해야 한다. 채우는 삶에서 자신만의 길을 가겠다고 결심해보자. 이 책을 계속 읽어가다 보면 왜 이런 말을 하는지 알게 될 것이다. 사람은 자신이 한계를 짓는 그대로 살게 되어 있다.

대학생 자녀, 대학생을 둔 부모로서의 틀을 깨고 자녀가 어떻게 사회에서 자신의 영향력을 발휘할지 방법을 찾아야 한다. 무엇보다 중요한 것은 교육과 노후자금이 상호교환이 아니라 둘 다를 충족시킬 방법이 존재한다는 것이다. 교육의 궁극적 목적이 무엇인지 생각해본 후 거꾸로 시도해보는 것이다. 남들이 하는 그대로 초중고와 대학교를 졸업하고 취업, 결혼, 출산을 거치며 성공을 밟아갈 이유는 없다.

이미 성공한 사람, 부자가 된 것처럼 행동하자. 여느 성공한 부자가 그러하듯이 부모가 먼저 돈에 대해 공부하고 자녀에게 부자 마인드를 전수해주는 건 어떨까? 이것이 부모 스스로를 성장시키면서 거울처럼 자녀에게 부를 창출하는 능력을 키워주는 가장 빠른 길임을 기억하자.

04

열심히 산다고 재산이 불어나는 것은 아니다

2008년 우리 집이 이사를 했다는 소식을 들었을 때 깜짝 놀랐다. 새집을 산 지 얼마 되지도 않았는데 이사를 한다니 의아했다. 아니, 사실은 그럴 수도 있다는 예상을 했었다. 평생을 근로자로 살아오셨던 아버지는 2007년 여름 정년퇴직을 하신 후 50대 후반의 여유를 즐기셨다. 타향에서 근 20년을 살아오신 아버지는 퇴직 이후 생겨난 여유를 어떻게 누려야 할지 모르셨을 것이다. 넘쳐나는 시간 속에 조직 밖에 나와 외로움으로 사람들을 만나다 보니 칭찬을 많이 하는 사람들과 어울리게 됐다. 그들의 권유에 아파트 담보대출, 토지 담보대출까지 받아 수억 원의 돈을 유령회사에 투자하셨다.

그해 12월, 아버지는 내게 그들이 세웠다는 회사의 사무실에 가보자고 하셨다. 아직도 그때의 기억이 생생하다. 부산에 있는 어느 증권회사 옆에 그럴듯하게 차려놓은 사무실이었다. 그들은 조직적으로 바람잡이를 몰아와서 분위기를 조성하곤 했다. 부산의 택배회사를 경영하던 어떤 여자도 투자한다는 둥 하며 사람 마음에 불을 댕겼다. 나 역시도 당시 직접 현장을 보며 큰 문제는 없을 것 같다고 생각했다. 하지만 너무나 어리석은 일이었다. 아버지가 워낙에 완고하셨던 분이라 투자하시겠다는 걸 말릴 수는 없었겠지만, 그래도 두고두고 후회가 된다.

2008년 사기로 판명이 난 후 투자금을 회수하려고 어머니는 법무사, 국선변호사 등 도움을 줄 만한 사람을 모두 만났다. 하지만 돌아온 대답은 설령 돈이 남아 있더라도 돌려받기 힘들다는 것이었다. 대출금을 갚기 위해 집을 팔고 시골 땅 일부까지 팔아야 했다. 부모님 평생 처음으로 내 집에 들어가 산 지 얼마 안 돼 새집을 팔고 전셋집 신세를 져야 했고 고향에 사뒀던 논까지 팔아야 했다. 이 시기에 엄마는 탈모가 와서 지금도 앞머리가 듬성듬성하고 울화가 쌓였던 탓인지 갑상샘암에 걸리셨다.

사기를 당한 이후 대출금을 갚기 위해 모든 뒷수습을 홀로 하셨던 어머니는 그렇게 평생을 모아온 재산 일부가 사라지는 걸 지켜볼 수밖에 없었다. 아버지는 이후 수년간을 술로 시간을 보내셨다. 공장 근로자로 일하시며 평생 주야근무를 했는데, 사기를 당한 이후 24시간 일하고 24시간 쉬는 고된 경비원생활을 다시 시작하셨다. 2인 1조로 근무하기 때문에 밤이면 쪽잠을 잘 수 있었지만 퇴근 후 아침에 집에 오시면 피곤에 절어 소주 한두 병을 꼭 마시고 잠자리에 드셨다. 밤이면 사기꾼들의 얼굴이 떠올라 눈이 감기지 않는다면서 아버지는 술로 울분을 삭이며 수년간을 보내셨다.

아버지는 날로 수척해지셨다. 운동을 전혀 안 하시니 다리는 가늘어지고 가슴을 움츠리며 사시니 저절로 고개가 숙여져 거북목이 됐다. 집에 계신 날이면 과거를 기억하지 않기 위해서인지 종일 TV를 보셨다. 아버지는 그렇게 자신을 방치하며 괴로움 속에서 하루하루 건강을 해쳐가고 있었다.

당시 나는 대학을 졸업하고 서울에서 홀로 구직활동에 열을 올리고 있었다. 2008년 7월 대기업에 취직하고 나서 낯선 환경에 적응하느라 집안이 어떻게 돌아가는지조차 파악하지 못했다. 집이 넘어가고 이사를 했을 때에야 사정을 알게 됐다. 전셋집으로 이사 후 가끔씩 집에 들를 때면 나는 아버지와 함께하는 시간이 매우 불편했다. 술을 자주 드시고 TV에 나오는 연예인 이야기를 하시는 아버지가 싫었다. 어리석게도 당시 나는 자신의 실수를 뼈저리게 후회하는 아버지의 마음을 헤아리지 못했다. 아들로서 부모님을 감싸 안지 못했다.

수년의 세월이 흘러 아버지의 건강이 나날이 나빠지던 때에 우연히 아버지의 경비원 일자리 재계약도 무산되었다. 이를 계기로 아버지의 제안에 따라 부모님의 고향으로 아파트를 사서 이사를 하게 됐다. 부모님은 이사 후 친척, 친구분들과 교류가 늘어 늘 바쁘시다. 특히 아버지는 시골에 있던 땅에 복숭아나무를 심어 가꾸고 계신다. 아버지는 규칙적으로 과수원에서 일을 하시기 때문에 당뇨는 아예 사라졌고 매우 건강해지셨다. 무엇보다 큰아버지 댁과 친구분들이 지척에 있어 마음도 많이 안정됐다. 어머니 또한 다시 자가 소유 아파트에서 지내시니 그 어느 때보다 마음이 편하시다.

지난 7년 동안 우리 가족은 한 사건 때문에 큰 변화가 있었고, 그로 인해 뼈아픈 깨달음을 얻었다. 회사 일만 하던 평범한 사람들은 회사 밖 세상을 잘 모른다는 것이다. 복잡한 시스템이 얽혀 있는 이 사회에 나오면 그동안 회사에서 파편적으로 익혔던 지식은 별로 도움이 되지 않는다. 그래서 누군가의 조언에 귀를 기울이게 되는데 대개 자신에게 살갑게 대하는 사람들일 확률이 높다. 문제는 그들이 뚜렷한 목적을 가지고 접근한다는 데에 있다.

세상을 모르는데 아는 것처럼 행동하면 안 된다. 뒷감당이 뼈아프다. 평범하게 살아온 어떤 사람들은 이런 과정을 겪는다. 돈에 대해 공부한 적도 돈을 버는 길에 대해 탐색해본 적도 없기 때문에 감언이설에 넘어가기 십상이다.

궤도 위의 삶은 안정적이다. 궤도 밖 세상은 어떤 규칙으로 움직이는지 겪어보지 않으면 알 수가 없다. 그런데 궤도 위는 편안하게 느껴지지만 그 안정은 언제 어떻게 뒤집힐지 모르고, 궤도 밖 혼란은 보는 것만큼 어지럽지 않을 수도 있다. 미국의 영화배우이자 감독인 조디 포스터는 "평범함은 갈망의 대상이 아니라 회피의 대상이다"라고 말했다. 평범한 삶을 피해야 하는 가장 큰 이유는 대가가 따르기 때문이다. 세상은 매 순간 변하고 있는데 평범함을 지키며 일정한 삶의 방식만을 고수한다면 거친 변화의 큰 물결에 한 번에 휩쓸릴 수 있다.

참신한 아이디어로 여러 사업을 성공시킨 가치 혁신가 크리스 길아보. 그가 말하는 '평범하게 사는 11가지 방법'을 통해 평범한 삶이란 무엇인지 생각해보자.

1. 사람들이 당신에게 말하는 것을 액면 그대로 받아들여라.
2. 권위에 이의를 제기하지 마라.
3. 대학은 가야 해서 가는 거지 무엇을 배우러 가는 것이 아니다.
4. 10시간 열심히 일하기 위해 일주일에 40시간을 책상에 앉아 있어라.
5. 평생 네가 살고 있는 곳처럼 안전한 곳으로 한두 번쯤 해외여행을 가라.
6. 당신의 최대한도로 주택담보대출을 받고 30년 동안 갚아라.
7. 외국어를 배우려고 하지 마라. 결국은 다 우리말(영어)을 배울 테

니까.

8. 책을 쓸 생각만 해라. 절대 쓰진 말고.
9. 사업할 생각만 해라. 절대 하진 말고.
10. 튀지도 말고 주목받지도 마라.
11. 시키는 것만 하고 주어진 것만 선택해라.

평범하게 산다는 것은 위의 11가지 항목을 모두 충족시켜야 하는 매우 어려운 일이다. 그런데도 수많은 사람이 위의 조건을 모두 충족시키며 지극히 평범함을 지키며 살아간다. 평범하다는 것은 '열심히'가 전제되어야 한다. 긴 시간 동안 일정한 형태의 삶의 패턴을 지키며 살아야 하기 때문이다.

열심히 산다고 재산이 불어나는 것은 아니다. 물론 모두 그런 것은 아닐 테지만 상당수가 그러하다. 목적지도 없이 노만 저으면 배가 산으로 가는지도 모르고 나아가기만 한다. '열심히'는 목적지가 정해진 이후에 취해야 하는 행동양식의 하나다. 자신이 어디로 어떻게 가야 하는지도 모르는데 남의 말대로 노만 젓다가는 씻을 수 없는 상처를 남기게 된다.

열심히 살지 말아야 한다는 소리가 아니다. 하지만 열심히만 살려거든 차라리 쉬어 가라고 말하고 싶다. 잘 모르는데 일을 벌이면 반드시 그르치게 되어 있다. 돈에 대해 현명해져야 한다. 돈을 많이 버는 것도 중요하지만 벌어놓은 돈을 지키는 것 또한 중요하다. 어떻게 지킬 수 있는지 공부해야 한다.

평범하다는 것은 전문영역이 없다는 의미와 같다. 시시각각 변하는 사회에서 평범함만 믿고 일자리를 지키며 재산을 모으는 것은 매우 어려운 일이다. 변화를 앞서가야 한다. 아니면 최소한 함께 가는 속도를 낼 수 있어야 한다. 그래야 스스로 방향을 정하고 속도를 가늠하며 '그저 열심히'만이 아닌 온전히 통제하는 삶을 살 수 있다.

05

직장이 결혼생활을 보장하는 시대는 지났다

'아들아 수고했다.

집으로 온나.

사랑한다.'

2012년 12월 24일이 되기 며칠 전 어머니께 받은 문자다. 1년 반의 백수생활을 청산하고 사회에 재진입하기 위해 한국동서발전 당진화력본부에서 청년인턴으로 5개월을 일했다. 그런데 정규직 전환이 되지 않아 짐을 싸야 했다. 정규직 전환을 바란 것은 아니지만 막상 짐을 싸려고 하니 마음이 무거웠다. 그때 어머니의 문자로 마음을 다잡았고 집으로 돌아갈 수 있었다.

당시 나는 딱 88만 원 세대의 삶을 살았다. 〈매일경제〉 경제용어

사전에 따르면 '88만 원 세대'란, '고용불안에 시달리는 2007년 전후 한국의 20대'를 지칭한다. 이 용어는 경제학자 우석훈과 박권일의 저서 《88만 원 세대》에서 처음 쓰였다. 비정규직 평균 급여 119만 원에 20대 평균 급여에 해당하는 73%를 곱한 금액이 88만 원이고 한국의 여러 세대 중 처음으로 승자독식 게임을 받아들인 세대를 가리킨다.

내가 서른한 살에 식대를 떼고 받은 월급이 실제로 90만 원 미만일 때가 종종 있었다. 당시 내게는 월급의 많고 적음이 중요한 게 아니라 성공적으로 사회에 재진입해서 다시 일을 하는 것이 목표였다. 그래서 나 자신도 '88만 원 세대'라는 걸 한참이 지난 후에야 알게 됐다. 비정규직의 삶도, 88만 원 세대의 삶도 압축적으로 경험한 셈이다.

과거 부모님이 한창 일을 하시던 시기인 1980년대 후반과 90년대까지는 정말 열심히 일하면 집도 사고 차도 사고 아이들 교육까지 거뜬하게 할 수 있는 물가 수준이었다. 맞벌이로 5~6년 일하면 서울에 집을 살 수 있는 구조였다. 하지만 지금은 어떠한가?

서울에서 번듯한 아파트 전셋집을 구하려고 하면 최소 2억 원에서 3억 원은 필요하다. 연봉 4,000만 원을 받는 사람이 2억 원 전세금을 마련하려면 한 푼도 쓰지 않고 5년을 모아야 한다. 만약 집을 사려고 한다면 그 기간은 얼마나 늘어날지 모를 일이다. 그런데 이보다 더 큰 문제가 있다. 고용불안이다.

2014년 7월 15일 통계청이 발표한 '2014년 5월 경제활동인구 조사'를 살펴보면, 청년층(15~29세)이 첫 직장에 취업하기까지 걸리는 기간이 평균 1년이고, 어렵게 입사하더라도 1년 3개월 만에 그만두는 것으로 나타났다. 대학을 졸업하고 첫 직장을 구하는 기간이 최소 6개월에서 1년이 걸린다고 한다. 일단 대학 졸업 후 취업하는 것도 하늘의 별 따기이지만 어렵게 들어간 직장을 1년 남짓 다니다가 퇴사한다는 것이다.

얼핏 보면 청년층의 눈이 높다고 분석할 수도 있지만, 본질을 헤쳐봐야 답이 나온다. 나는 2008년 2월에 동국대학교 중어중문학과를 졸업했다. 5개월 후인 7월에야 취업을 하여 첫 직장생활을 시작했다. 주위엔 소위 말하는 SKY(서울대 · 고려대 · 연세대) 출신들이 즐비했다. 당시 명문대 출신들과 같은 사무실 안에서 일한다는 것이 기쁘기도 했지만, 한편으로 열등감이 발동하기도 했다. '과연 내가 명문대 출신의 그들처럼 잘 해낼 수 있을까?'라는 질문을 매일 던지며 의식이 호두알만 해져서는 매사 자신이 없고 쉽게 할 수 있는 일마저 하지 못하는 상황에 이르렀다. 결국 나를 방치하는 상황까지 내달았고 이를 극복하기 위해 스피치 과정도 수강하고 자기계발서를 줄줄이 읽었다. 하지만 도움이 되지 않았다. 미국 공인회계사 공부를 시작했다가 몇 주일 만에 환불을 받기도 하면서 갈 길을 찾지 못해 방황했고, 회사에선 일 못한다며 온갖 비난을 감수해야 했다. 당시 나는 내가 창피했고 스스로를 믿을 수가 없었다. 그 후 도저히 그곳에서 나아질 기미가 없을 것 같아 입사 1년 7개월 만에 퇴사를 결정했다. 세무사 공부를 한다는 핑계에다, 그동안 성장하지 못한 스스로에게 벌을 준답시고 내린 결정이다.

청년층의 취업이 어렵다는 기사나 첫 직장 근속기간이 짧다는 이야기를 들으면 남 이야기로만 들리지 않는 것도 이 때문이다. 대학교를 졸업할 때까지 사회가 요구하는 대로 초중고를 착실히 다녔고, 대학을 졸업하고도 사회가 생각하는 차례대로 취업, 결혼, 출산을 선택한다. 나 또한 그랬었다. 그런데 현시대는 고용불안 때문에 연애, 결혼, 출산을 포기하는 이른바 '삼포 세대'란 말까지 생길 정도가 됐다. 고용불안은 물리적으로 양질의 일자리가 줄어드는 것을 말하기도 하지만 다른 관점에서 봤을 때 자신에게 맞는 일자리를 찾기가 어렵다는 증거이기도 하다.

사회에 첫발을 내딛고 비정규직으로서 '88만 원 세대'로 시작하는 것도 문제이지만, 남이 짜놓은 판에 별생각 없이 발을 들여놓는 사람이라면 자신을 돌아봐야 할 것이다. 사람은 누구나 자신만의 소명과 재능을 부여받고 고귀하게 태어난다. 그럼에도 어느 순간 대체 가능한 부속품 같은 존재로 전락하는 건 사회의 구성원으로서 톱니바퀴 같은 역할을 하도록 교육을 받으며 자신을 잃어가기 때문이다. 사회가 정한 틀에 자신을 억지로 끼워 맞추다 보면 장점보다는 틀을 벗어나는 단점에 집중해서 자신을 탓하게 된다.

다양하고 남다른 모습 그 자체가 자신의 가장 큰 장점인데, 그것은 남이 짜 놓은 판 위에선 단점이 되기 쉽다.

장점이 단점이 된 청년층은 취업이 어렵다. 설사 된다고 해도 첫 직장에서 얼마 버티지 못하고 퇴사할 가능성이 높다. 자신의 재능을 펼치지 못해 소명을 다하지 못한다. 위기가 기회라고 해서 깨우치는 사람도 있겠지만 그렇지 못한 사람도 많을 것이다. 스스로가 얼마나 소중한 존재인지 안다면 끌려가는 삶이 아닌 끌어가는 삶을 살아야 한다. 사회가 정한 시스템대로 움직여서는 유리천장에 막힌다는 것을 알아야 한다.

"언제 결혼해?"

서른네 살이 되니 이런 질문을 수도 없이 받았다. 헤어진 여자친구를 그리워하며 보낸 세월이 이제 1년이 다 되어간다. 뭐 하나 시원하게 사주지 못한 내 잘못을 다시는 반복하고 싶지 않다. 남이 짜놓은 판 위에서 움직이는 말이 아니라 내가 창조한 세상에서 주인공인 삶을 살아갈 때라야 다른 사람을 만날 마음이 생길 것이다.

결혼은 나이가 찼기에 하는 것이 아니다. 자신에게 딱 맞는 배우자를 만났을 때 해야 하는 것이다. 외로우니까, 결혼할 나이가 됐으니까 주위에 있는 적당한 사람과 하는 결혼은 후회를 남긴다. 차라리 하지 않는 게 낫다. 자신이 행복하지 않으면 배우자 그리고 자녀에게까지 나쁜 영향이 미치기 마련이다. 우선 나 스스로를 사랑하고 믿으며 당장 행복해져야 한다. 그 행복이 주위 사람들까지 행복하게 할 것이기 때문이다. 배우자는 무엇보다 자신만의 세상을 창조하기 위해 책을 쓰는 나를 지지하고 응원할 수 있는 사람이어야 한다. 책을 쓰며 존재를 드러내는 과정 중에 자연스레 그녀가 내 앞에 나타날 것이라 믿는다.

대부분의 사람은 안정된 직장에 다니며 고정된 수입을 가지고 아이를 낳고 교육하며 노후를 준비하기를 원한다. 하지만 삶은 늘 원하는 대로 흘러가는 것이 아니다. 멀쩡하게 다니던 회사가 언제 어려워져서 내쫓길지 모르고 매월 들어오던 월급이 언제 끊길지 알 수 없다. 세상은 인터넷으로 경계 없이 이어졌고 경쟁상대가 우리나라에만 있는 것이 아니다. 전 세계를 상대로 경쟁하며 기존에 누리던 것을 지켜야 하는 판국이다. 이 말이 일부 과장된 면도 있지만 곰곰이 생각해봐야 한다.

SNS가 일반적으로 쓰이는 세상에서 자신을 잘 홍보하는 사람은 다른 사람들의 이목을 끌게 되어 있다. 퍼스널 브랜딩이 된 사람은 어딜 가도 영향력을 끼치게 된다. 그런데 과거 삶의 방식 그대로를 고수하며 단계적으로 삶을 살아야겠다고 생각하는 사람들은 서서히 내리막길을 걷게 된다. 극도의 창의성이 요구되는 이 시기에 별생각 없이 살다가는 언제 '훅' 갈지 모른다. 조직 안에서 안심하고 있다가 자신만의 콘텐츠를 개발하여 퍼스널 브랜딩을 이루지 못한 사람은 뒤따라오면서 더 큰 결핍을 경험할 것이다.

직장이 결혼생활을 보장하는 시대는 지나간 지 오래다. 과거 부모님 세대까지는 그나마 정규직으로서 정년까지 일할 수 있었을지도 모른다. 하지만 현 세대는 취업도 늦고, 취업 후 근속기간도 짧으며 미래마저 불투명해 보인다. 고용불안이 뻔히 느껴지는데 어떻게 연애, 결혼, 출산을 마음 놓고 할 수 있겠는가? 의식주 정도만 간신히 해결할 수 있는 월급을 받으면서 어느 누가 결혼과 출산을 꿈꿀 수 있겠는가?

어떤 삶을 살든 자신이 주인 되는 삶을 살아야 한다. 이는 단순히 어떤 일을 할 때 태도가 적극적이어야 한다는 정도가 아니다. 지금까지 익숙하다고 여겨왔던 틀을 완전히 깨부숴야 한다. 그리고 그 위에 나 스스로 그린 그림대로 삶을 가꿔야 한다. 창의적이고 주체적인 삶을 꾸려나가는 것이 불확실한 미래를 살아가는 가장 확실한 방법이다.

06

'돈이 없다'고 주문을 거는 사람들

우리는 어느 집단에 속해 있든지 두 부류의 리더를 만날 수 있다. "이렇게 해결하는 건 어때?"라며 문제보다 문제 해결에 집중하는 리더가 그중 하나다. 반면, "큰일이다! 이를 어쩌지?" 하며 안절부절못하고, 어떤 문제의 조짐이 발견될 때 적극적으로 대처하기보다 예상하는 문제가 터지지 않길 바라는 리더도 있다.

전자는 문제를 위기로 여기지 않기 때문에 문제를 확대 해석하는 우를 범하지 않는다. 그에게 문제는 그저 풀어야 할 숙제일 따름이다. 그러나 후자는 문제를 위기로 받아들인다. 문제 앞에서 한없이 작아지고, 그래서 자신도 모르게 문제를 확대 해석하게 된다. 아무리 머리를 쥐어짜 보았자 답은 떠오르지 않고 절망감만

더해간다.

우리가 주목해야 하는 리더는 당연히 전자다. 탁월한 리더는 문제가 있으면 반드시 해결책도 있다고 믿는다. 그래서 문제 중심이 아니라 해결책 중심의 삶을 산다. 그들의 입버릇은 남다르다. "이봐, 해보기나 했어?"란 말버릇은 고 정주영 현대그룹 명예회장의 기업가정신을 보여주는 말이다. 뭔가 잘 되지 않아 해결책이 보이지 않는 것 같을 때 이 말을 들으면 도전하고 시도하지 않은 것이 무엇인지 해결책을 찾게 된다. 절대 굴하지 않는 도전정신이 깃들어 있는 말이기에 힘을 얻는다. 말이란 이처럼 그 사람의 태도를 보여주고, 다른 사람도 행동에 나서게 하는 마력을 가지고 있다.

"이건 너무 비싸!"

우린 흔히 어떤 물건이나 서비스를 접할 때 별생각 없이 이런 말을 한다. 이는 곧 "나는 이 물건이나 서비스를 누릴 만한 능력이 없는 사람이야. 그러니 내게서 멀어져 줘"라고 선언하는 것과 같다. 사람들은 자신이 한 말이 어떤 의미를 담고 있는지도 모른 채 생각 없이 말을 하는데, 말은 그 사람의 정신이나 태도에 영향을 미친다.

결핍을 말하면 결핍을 끌어당기게 되어 있다. 사고 싶거나 갖고 싶은 것을 향해 "비싸!"라는 말을 하는 즉시 자신이 작아지고 그것이 커지는 기이한 경험을 누구나 해본 적이 있을 것이다. 명품을 사고 싶은 것에 앞서, 최소한 보거나 만지기라도 하고 싶지만 선뜻 매장을 찾지 않는 이유가 여기에 있다. 마음속에 살 수 없다는 생각이 들어서면 명품 매장에 가서 살 것처럼 당당하게 행동하기가 어렵다. 어딘가 어색하다. 왜냐하면 스스로 한계를 정했기 때문이다. 그러므로 한계를 정하는 말을 삼가고 자신의 말버릇을 유심히 지켜보며 고쳐야 할 것이다.

누군가 긍정적인 말을 하면 절로 미소가 번지고 빙그레 웃게 된다. 자신이 원하는 것을 말하면 그 말을 들은 사람들은 자신도 모르게 그걸 들어줄 방법을 찾게 되고 어떤 때에는 실제로 돕기도 한다. 부와 풍요로움이 주위에 없는데도 있는 것처럼 말하는 사람이 그 비슷한 예다. 이상하게 보일지도 모르지만, 그는 분명히 자신이 원하는 것을 끌어당기게 마련이다. 마치 좋은 말을 하면 상대가 상냥하게 대하는 것처럼. 돈을 대할 때에도 이와 같아서 비난을 삼가고 사랑과 감사를 표현해야 한다.

아일랜드 출신의 세계적인 정신의학자이자 철학자인 조셉 머피는《잠재의식의 힘》에서 돈에 대한 올바른 태도를 이렇게 소개했다.

돈을 늘리는 체험을 하기 위한 간단한 기법은 다음과 같습니다. 하루에도 몇 번씩 다음과 같은 말을 하세요. '나는 돈을 좋아합니다. 나는 돈을 사랑합니다. 나는 돈을 현명하게, 건설적이고도 분별 있게 사용합니다. 돈은 항상 나의 삶에 순환하고 있습니다. 나는 기꺼이 돈을 풀어놓고 있으며, 돈은 놀랄 만큼 증식하여 나에게 돌아옵니다. 돈은 좋은 것, 정말로 좋은 것입니다. 돈은 눈사태와도 같이 나에게 흘러듭니다. 나는 돈을 좋아하는 일에만 사용합니다. 나는 나의 행복과 나의 마음의 부에 감사합니다.'

하루 중 수차례 한 말은 주문이 되어 뇌리에 박히고 현실은 말한 대로 된다. 돈에게 사랑하고 감사하다고 말하면 분명하게도 돈이 내게로 끌려온다. 돈도 감정이 있는 생물이기 때문이다. 그래서 자신을 좋아하는 사람을 따른다. 긍정적인 감정을 표현해주는 대상에게 마음이 가는 건 당연한 이치다.

반대로 부정적인 말을 하는 사람은 부정적인 것을 불러들인다. 불평불만을 일삼는 사람 옆에 있으면 귀가 따갑고 가시방석에 앉은 듯 마음이 불편해진다. 사람들이 서서히 그를 떠나므로 주위에 사람이 없거나 자신처럼 투덜대는 이들만 남게 된다. 사람의 마음은 그릇과 같아서 긍정이 떠나간 자리엔 부정이 차오르기 마련이다. 늘 긍정을 말하지 않는 사람은 부정을 말하게 되는 것과 같은 이치다. 이것만 봐도 좋은 말을 해야 하는 이유는 충분하다.

주역학자 초운 김승호 선생은《돈보다 운을 벌어라》에서 불평불만을 끊어야 하는 이유를 주역 측면에서 소개하고 있다.

> 불평불만은 주역의 괘상으로 산풍고(山風蠱)다. 이는 현재가 붕괴되고 대단한 재앙이 찾아온다는 뜻이다. 항상 불평불만을 일삼는 사람은 '액운이여, 이쪽으로 와주세요!'라고 방송을 하고 다니는 것과 마찬가지다. 불평불만을 끊으면 하루하루의 운도 좋은 쪽으로 변할 것이다.

초록은 동색이라고 했다. 비슷한 사람들끼리 모여서 공통의 관심사를 이야기하는 것처럼 불만은 채워지지 않는 결핍을 불러온다. 스스로 자신이 가진 것, 누리는 것들에 대해 부족하다고 말하면 자신이 못난 사람이라는 암시를 주게 된다. 암시는 분위기를 풍기고 사람들은 이를 감지한다. 굳이 말로 하지 않고 기운만 느껴도 알 수 있기에 비슷한 기운을 가진 사람들끼리 동병상련의 정을 나누듯 모이게 된다. 그러므로 설령 결핍이 존재한다고 해도 그걸 말로 표현하지 말고, 현재 가진 것에 감사하며 만족했을 때에야 더 좋은 일들이 생긴다.

'빨간 차'를 떠올리고 말을 하면 평소엔 눈에 띄지도 않던 빨간 차들이 돌연 눈에 들어오는 경험을 할 수 있다. 어쩌다 겪는 우연하고 신기한 일이라며 대수롭지 않게 생각할 수도 있겠지만 이는 우연이 아닌 필연이다. 연준혁 · 한상복은 《보이지 않는 차이》에서 계속하여 어떤 말을 하면 그와 비슷한 것을 끌어당기는 이유를 이렇게 설명하고 있다.

> 대뇌는 서로 연결된 두 개로 구성되어 있다. 과학자들은 최근 그 연결 부위에 있는 신경 RAS가 정보의 선별 능력을 가지고 있다는 사실을 밝혀냈다. RAS는 원하는 정보를 자동으로 찾아내는 기능을 발휘한다. 최적의 데이터를 수집해 의식의 세계로 보내준다. 따라서 우리가 어떤 내용에 대해 반복적으로 말을 하면, 우리의 뇌는 그것을 이루기 위해 우리가 의식하지 못하는 가운데 자동 실행 장치를 켜는 것이다.

원인과 결과는 한 덩어리로서 순환한다. 우리가 흔히 발견하는 것은 결과이지만 그 결과를 세밀하게 살펴보면 그것이 다시 원인이 되기도 한다. 어떤 일이 발생한 후 이에 대해 어떻게 '해석'하느냐는 우리의 '태도'에 달려 있다. 그리고 '태도'는 긍정이든 부정이든 비슷한 것을 발생시키는 '원인'이 된다. 아메리카 인디언들은 이러한 진리를 깨닫고 있었다. 그래서 "당신이 생각한 말을 1만 번 이상 반복하면 당신은 그런 사람이 된다"라고 말하지 않았을까.

오늘 하루 자주 한 말들을 되새겨 보자. 긍정, 부정 어느 쪽이 더 많았는가? 내가 한 말과 행동이 미래를 결정한다. 우연히 내뱉는 말일지라도 어딘가에 씨앗으로 뿌려져 싹을 틔울지 모를 일이다.

그래서 매사 말을 조심해야 한다. 그렇다면 이 원리를 이용해 부를 끌어당길 수도 있겠다. 이미 이루어진 것처럼, 자신이 부자인 것처럼 행동하고 말해야 한다. 생각하는 대로, 말하는 대로 이루어진다. 부를 끌어당기는 마음과 함께 입버릇부터 바꾸자.

07

로또보다는 나를 믿어라

'○○○회 1등 당첨'

1등 당첨자를 배출한 가게는 왠지 믿음이 간다. 길을 가다 멈춰 서서 한참 동안 고민한다. '언제 살 것인가? 어느 곳에서 살 것인가?'를 또 한참 고민하고 나서 약간 두꺼운 종이에 인쇄된 숫자들을 돈 주고 산다. 바로 로또복권이다.

흔히 사람들은 로또복권을 '일주일의 행복'이라고 여긴다. 일요일에 로또 한 장을 산 다음, 1등에 당첨되면 무얼 할지 적어보고 일주일 동안 상상을 한다. 그리고 매주 토요일 오후 8시 45분이면 일주일의 운명이 결정된다. 누군가는 어김없이 1등이 되고 대부분은 휴짓조각으로 판명되는 시간이기도 하다. 나 또한 토요일

밤이면 로또복권 당첨자 발표 소식에 일희일비하곤 했던 기억이 난다.

2008년 여름 나는 취업에 성공했다. 같은 해 2월에 대학교를 졸업하고 취업하기 위해 고군분투했었다. 취업 관련 스터디만으로 하루 일정이 빽빽했다. 아침부터 밤까지 모임에 가고 공부를 했다. 백수였지만 하루 네 시간을 못 잔 날이 많았다. 그렇게 5개월을 취업에 전념하고 나서 얻은 결실이라 매우 뜻깊었다. 게다가 내가 그토록 존경해 마지않던 오너가 운영하는 회사였기에 기쁨은 말로 표현하기 힘들 정도였다. 신입사원 연수 시 연수기념 공연을 할 때 회장님과 악수하고 "앗싸!"라고 외치며 기뻐했던 모습이 여전히 생생하다.

그토록 선망하던 곳에 입사했지만 나의 사회생활은 순탄치 못했다. 잔뜩 주눅이 들어서 아주 단순하게 할 수 있는 일조차 제대로 해내지 못해 혼나기 일쑤였다. 당시 같은 부서 사람들이 명문대 출신이 많아 쓸데없이 움츠러들곤 했다. 자존감이 낮았던 터라 주위에서 비난을 하면 그대로 받아들일 뿐 나를 방어하지 못했다. 시간이 지나면서 차츰차츰 안으로만 가라앉아 갔다. 학력이란 하나의 경력에 불과하다는 것을 당시에는 깨닫지 못했다. 직장예절을 또 얼마나 혹독하게 훈련받았는지 뭘 하든 자신감은 바닥을 향해 곤두박질치기만 했다.

회사에 들어가면 어찌 됐든 삶의 문제가 저절로 해결되고 순탄

한 삶이 단계적으로 이어질 줄만 알았다. 생물학자의 길을 접고 중국어 전공을 선택하며 오로지 취업을 위해 대학에 다니고 스펙을 쌓은 게 그 때문이었으니까. MOS라고 하는 컴퓨터 자격증까지 거금 50여만 원을 들여 따놓기도 했다. 이력서에 한 줄 보태기 위해서다. 그만큼 취업 당시 나로서 할 수 있는 스펙은 다 준비했다고 해도 과언이 아니다. 취직 이후의 과실이 마냥 달 거라고만 생각했다.

1년 7개월의 시간이 흐른 후 나는 스스로 짐을 싸고 퇴사를 했다. 더는 견딜 수가 없었다. 나를 좀먹어가는 나쁜 생각들 때문에 스스로를 패배자라고 여길 정도였고, 무얼 하든 텅 빈 마음은 채워지지 않았다. 폭식과 과음이 유일한 감정 배출구였기에 다음 날이면 어김없이 배탈과 숙취로 내 몸은 서서히 망가져 갔다. 떠나야 한다고 생각했고, 새로운 일을 하겠다고 결심했다.

그즈음 세무사 공부를 시작했으나 6개월가량 하다가 그만두었다. 마냥 세월만 보내노라니 체중이 70킬로그램 후반대에서 90킬로그램까지 불어났다. 서울 자취방을 정리하고 부모님 댁으로 내려오고 나서야 정신상태를 가다듬기 시작했다. 어머니는 정신과 신체가 흐트러진 아들을 회복시키기 위해 매일 새벽과 저녁이면 동네 뒷산을 함께 오르내리셨다. 본인의 일로 피곤하실 텐데도 아들을 위해 희생을 마다치 않으셨다. 그렇게 나는 서서히 회복되어 갔다.

퇴사한 지 1년 반이 흘러 몸과 마음을 가다듬은 후에 청년인턴으로 사회에 재진입했고, 서른두 살 봄에 지금의 한국조폐공사에 입사했다. 대부분의 사기업에 원서를 넣었지만 나이가 많아 모두 서류에서 탈락했다. 그나마 공기업은 연장자가 많이 지원했던지 운 좋게도 최종 합격까지 해서 대전에서 근무하고 있다.

전 직장에서 했던 일이 해양플랜트 해외영업이었는데 지금 회사에서 하는 일도 해외영업이었다. 아마 영어, 중국어 실력 때문이기도 하겠지만 평생 해온 공부가 외국어였기 때문이리라. 언어의 자유를 갈망하며 고등학교 때부터 막연히 외국어 전공을 하겠다고 해왔다. 그때그때의 충동적 결정들이었을 뿐인데, 그것들이 모여 현재에 영향을 미친다고 생각하니 신기하기도 하다.

돌이켜보면 원점으로 돌아온 것이다. 다시 신입사원으로서 막내가 되어 해외영업을 시작했다. 로또복권에 당첨되면 인생이 한순간에 바뀔 거라고 그렇게도 간절히 바라고 바랐지만, 그런 일은 일어나지 않았다. 나 스스로 복을 발로 차고 운을 멀리했던 나쁜 생각의 습관 때문 아니었을까. 자신을 믿지도 않고 남들이 비하한다고 같이 비난하는 바보 같은 행동들을 끊임없이 했었다. 내 안에 내가 없었다.

그저 취업을 하겠다고 치열하게 살았던 지난날들이 스쳐 간다. 그리고 그와 똑같이 살고 있을 현시대의 대학생과 취업 준비생들의 모습도 눈에 선하다. 누군가는 입사 후 또박또박 나오는 월급에 감사하며 오랫동안 직장생활을 할 것이다. 그러나 대부분의 사람은 채 1년 남짓의 시간 안에 첫 직장을 그만두고 뛰쳐나올 것이다.

모두 자신의 탓이다. 사회 시스템 속에서 나 자신을 잊은 채 자신이 어떤 판 위에 서 있는지도 깨닫지 못한 내가 바보였다. 누구의 욕망인지도 모르고 그저 남들이 충고하는 대로 안전한 길을 가면 부와 자유를 모두 손에 넣을 수 있으리라 순진하게 기대했다. 내게 맞지 않는 옷을 입고 사회에 나가 잔뜩 움츠린 어깨로 경쟁을 하려니 자꾸만 작아지곤 했다. 그 느낌을 혹시 아는가?

신입직원뿐만이 아니다. 직장생활에 지친 사람들 모두 공통으로 찾는 한 가지가 바로 로또복권이다. 복권은 운을 열어놓는 통로이지 단번에 삶을 바꿔줄 수단은 아니다. 설령 1등에 당첨되어도 자신이 피땀 흘려 번 돈이 아니기 때문에 산산이 흩어지기 쉽다. 원래 주인 없는 물건이나 돈은 누가 가져갔는지도 모르게 사라지고 만다. 도망치려 해서는 길이 없다. 정면으로 도전해야 비로소 해결책이 눈에 들어온다.

만약 이 생에서 해결하지 못한 문제가 있다면, 다음 생에서의 과제가 되기 마련이다. 그러므로 지금 이 순간 해결해야 한다. 마음속에 자신감이 서지 않았는데 자신 있어 보이려고 하는 건 어리석은 짓이다. 먼저 자신을 믿어야 한다. 그리고 자신을 무한히 사랑해야 한다. 타인의 행동과 말은 나를 비추는 거울이기 때문에 먼저 자기 마음을 다스리고 신중하게 행동해야 한다.

헨리에트 앤 클라우저는 《종이 위의 기적, 쓰면 이루어진다》에서 '하늘을 나는 코끼리' 이야기를 통해 스스로를 믿는 힘의 위대함을 소개하고 있다.

> 어느 날 덤보는 이 마술 깃털로 진짜로 하늘을 날 수 있게 됐다. 하늘을 나는 덤보를 보고 군중들은 환호했다. 그를 조롱하던 이들도 환호하며 박수를 보냈다. 덤보는 자신감에 넘쳤고 한없이 자유로웠다. 그런데 아뿔싸! 그만 코에서 마술 깃털을 떨어뜨리고 만 것이다. 덤보는 땅으로 곧장 곤두박질쳤고, 금방이라도 땅에 부딪힐 것처럼 보였다. 그때 덤보의 등에 있던 생쥐가 외쳤다.
>
> "덤보! 네가 날 수 있었던 것은 깃털 때문이 아니야. 바로 네가 한 일이야. 나는 방법을 알고 있잖아!"
>
> 이 말을 들은 덤보는 용기를 내서 두 귀를 힘껏 펄럭거렸다. 그리고 결국 자유롭게 계속 하늘로 날아오를 수 있었다. 자신만의 힘으로 말이다.

때로는 혼자 힘으로 이룰 수 없을 것 같다는 생각이 든다. 그래서 부모님에게, 남에게, 로또복권에 기댄다. 스스로 날 수 있는 힘을 가진 코끼리 덤보 같은 존재이지만 대부분의 사람은 깨닫지 못한다. 누구나 자유롭게 하늘을 날 수 있는 능력과 같은 자신만의 재능을 보유하고 있다. 다만 스스로를 믿지 못하기 때문에 보이지 않는 것뿐이다. 그 재능은 위기에 닥쳤을 때 발견하기가 더 쉽다. 그러니 터널 같은 슬럼프가 찾아오거든 두 팔 활짝 벌려 반겨주자. 내 안의 위대한 재능이 빛을 발할 것이니 눈을 크게 뜨고 지켜보자. 그리고 그 재능이라는 보석을 캐내어 연마하면 된다.

로또복권에 당첨되지 않더라도 내 안의 보석으로 충분히 부를 끌어올 수 있다. 사람들은 탁월한 서비스를 제공받고 돈을 지불한다. 탁월한 서비스는 가장 뛰어난 재능을 꾸준히 계발했을 때만 제공할 수 있다. '10년 동안 한 우물만 파라!'라는 말처럼 우직하게 자신만의 보석을 갈고닦아야 한다. 마음속에서부터 이미 부유해지면 현실로 나타나는 건 시간문제일 뿐이다.

대부분의 취업자가 자신이 무엇을 좋아하는지도 모른 채, 취업할 나이라서 또는 연봉이 좋아서 직장에 들어간다. 그러고는 소명을 찾지 못해 방황하다가 퇴사하게 된다. 그렇게 자신이 정말로 좋아하는 일이 무엇인지도 모른 채 살아들 간다. 혹여 안다 하더라도 현실이라는 스스로 정한 한계에 휩싸여 자신만의 길을 가지 못한다.

가슴이 뛰는 일을 하지 않기 때문에 가슴 아픈 일만 생길 수밖에 없다는 사실을 미리 안다면 좀 달라지지 않을까? 만약에 그걸 미리 알았다면 힘들더라도 자신이 좋아하는 일, 고되지만 스스로 운을 만들어가는 그 길을 뚜벅뚜벅 걸어갔을 것이다. 하지만 모르니 경험해봐야 한다. 경험이 자산이라고 했다. 생채기 없는 몸으로 사회에 들어가서 수없이 깨지고 다친 다음, 삶의 진실 하나만 건져도 실패가 아닌 성공이다.

삶은 몇 년 살고 끝나는 단거리 경주가 아니다. 마라톤처럼 아주 길다. 긴 시간 동안 방황의 컴컴한 터널에서 헤맬지라도 낙담하지 말자. 길고 긴 터널 안에서 이리 치이고 저리 치이다 보면 무엇이 자신을 살아 있게 하는지, 자신이 추구해야 할 가치가 무엇인지 깨달을 수 있다. 그러니 위기가 기회가 되는 것이다. 외부에서 오는 도움이나 변화를 기다리기보다 스스로의 위대함을 믿고 가슴 뛰는 일을 하는 것이 정답이다. 운은 가치를 추구하며 노력하는 사람에게 찾아온다.

08

인륜지대사 결혼, 그리고 돈

배고프다고 아무거나 먹지 마라, 맛도 모르고 배만 채우게 될 것이다. 외롭다고 아무나 만나지 마라, 누구에게라도 기대고 싶을 것이다. 해 질 녘에는 의자를 사지 마라. 그 어떤 의자도 편하게 느껴질 것이다.

마인드앤컴퍼니 양창순 대표의 《나는 외롭다고 아무나 만나지 않는다》에서 나오는 말이다. 가끔씩 어떤 감정이 파도처럼 밀려와 충동적인 결정을 하게 될 때가 있다. 야밤에 너무 배가 고파 치킨 한 마리를 시켜놓고 한 번에 다 먹어치운다든지, 사람이 그리워 예정에도 없던 술자리를 찾기도 한다. 서울역 근처에 자취방을 알아볼 때였다. 사정상 일주일 안에 새 전셋집을 구해 급하게 이사를 해야 할 형편이었다. 두 곳만 보고 그중에 나은 집 하나를 골라 바로 계약했다. 그런데 입주하고 난 후에야 그 집에서 하수구 냄새가 심하게 난다는 걸 알았다.

나는 인생을 '여행'이라고 생각한다. 가을엔 붉은 별이 땅 위에 뜨고 봄엔 하얀 눈이 나뭇가지에 달린다. 어치가 위아래로 날아가고 추워지면 어김없이 쇠오리가 하천에서 주둥이를 박고 먹이활동을 한다. 주위를 둘러보면 일분일초도 변하지 않는 것이 없다. 여유를 가지고 관찰하면 모든 게 보이고 새롭게 느껴진다. 삶에 여유가 있으면 변화가 눈에 들어온다.

반면, 마음이 급하면 잘 보이던 것도 보이지 않는다. 조급함에 이끌려 잘못된 결정을 할 수가 있다. 순간의 선택이 오랜 시간의 삶을 결정한다. 전셋집 계약이야 2년만 버티면 되지만 사람을 만나는 문제는 다르다. 외롭다고 아무나 만나서는 안 된다. 한 번의 선택이 평생에 걸쳐 영향을 끼친다는 것을 잊지 말아야 한다.

"언제 결혼해?"

"결혼 빨리 해라."

남자든 여자든 서른 살이 넘어가면 주위에서 흔히 듣는 말이다. 딴에는 걱정이 되어서 하는 말들이겠지만, 정작 당사자는 마음을 더 다치게 된다. 결혼은 인륜지대사라고 했다. 이혼, 재혼이 남 일 같지 않은 요즘 시대이지만 그래도 결혼은 평생에 걸쳐 책임을 져야 하는 매우 중요한 결정이다. 당사자는 이런 이유로 신중해지며 결혼비용 등 현실적인 문제로 결혼을 늦추는 게 보통이다.

사회적으로 봤을 때 결혼이 늦어지면 자연히 출산율이 감소하고 인구 고령화가 촉진된다. 이는 매우 심각한 사회구조적인 문제다. 그래서 신문에서는 연일 결혼 적령기의 남녀가 결혼을 늦게 하고 출산을 하지 않는다고 지적하고 있다. 하지만 이들이 겪는 실상을 직접 겪어보지도 않고서 그들의 사정을 이해한다고 할 수 있을까?

서른세 살의 금융권 공기업에 근무 중인 한 청년 이야기다. 그는 스물여덟 살의 초등학교 교사인 여자 친구와 결혼을 계획하고 예비 장모님을 만났다. 청년은 부모님을 모셔야 하는 데다 전세로 살아야 하는 형편이었다. 이를 알고 난 여자 친구 어머니는 결사적으로 반대했다. 설득하려고 해봤지만 소용이 없었다. 여자 친구의 어머니는 딸의 고생문이 훤히 열릴 걸 알면서 시집보낼 순 없다고 했다. 집 사서 오겠다는 사윗감 많다면서 알지도 못하는 남의 집 아들들 이야기를 풀어냈다. 그 청년은 듣고 있기가 힘들어 "따님을 원하는 곳에 시집보내십시오"라는 말을 남기고 먼저 일어섰다. 이후 그는 여자 친구와 결별했다.

처음 이 이야기를 들었을 때 대한민국 결혼 적령기의 평범한 남자 중 누군가는 겪을 법한 일이라 생각했다. '부모가 부자가 아닌 남자가 스스로의 힘으로 결혼하기 위해서는 얼마나 기다려야 할까?'라는 생각을 했다. 자기 힘으로 돈을 모아야 하니 말이다. 주위를 둘러보면 빨리 결혼하는 사람들 중 열에 아홉은 부모님의 도움으로, 부모님의 하객들이 꽉 찬 결혼식장에서 식을 올린다. 그야말로 양가 부모님의 결합이라고 해도 무방할 정도의 결혼식도 있다.

"우리 엄마가 '사(士)' 자 들어가는 사람 만나야 한다고 했어."

고등학생 시절 친한 여자 동창에게서 이런 말을 들은 적이 있는데, 그 의미를 이제야 이해하게 됐다. 의사, 변호사, 회계사 등 전문직종 계통의 사람들은 수입이 일반 회사원에 비해 비교적 많다. 15년 전에도 결혼의 기준은 수입이었던 듯하다. 물론 수입은 생활을 꾸려나가는 데 매우 중요한 요소 중의 하나다. 하지만 사람들이 간과하는 것 중에 가장 중요한 것이 있다. 결혼 후 함께하게 될 시간이 이미 살아온 인생보다 훨씬 길다는 점이다. 현재 유지하는 수입은 그저 과거의 결과일 뿐이다. 미래 모습이 전적으로 과거의 성과에 달려 있는 건 아니다. 다만 과거로 판단할 것은 그 사람의 인성일 뿐이다. 또한 미래를 그려가는 것은 마음속에 그려진 선명한 그림 같은 비전이고, 이 비전이 내일을 결정한다. 그래서 배우자감을 구할 때 가장 중요한 것은 인성과 비전이다. 그런데 대부분 부모가 자신이 살아온 경험에서 형성된 기준을 자녀에게 주입하려 한다. 이제는 들어맞지 않는 잘못된 기준임에도 말이다.

과거로 사람을 판단하는 것은 쉽고 편하게 살려는 기준에 불과하다. 최대한 위험을 줄이고 안전하게 사람을 만나려다 보니 '사' 자란 명칭으로 선을 긋게 된다. 변해버린 기준을 가지고 변하지 않는 사랑을 만들려 하니 억지스러운 면이 생기는 건 당연한 이치다. 물론 결혼은 두 집안이 만나 새로운 가정을 일궈가는 것이지만 그 가정은 사랑으로 충만해야 한다. 안정된 시작이 풍요로워 만족스러울지 모르지만, 그 이후의 삶은 오롯이 자신들의 몫임을 명심해야 한다.

안철수는 부산 고신대학교에서 진행된 '21세기를 살아가는 법'이라는 제목의 강연에서 자신의 길을 찾고 있는 젊은이들에게 다음과 같은 메시지를 전했다.

"미래는 아무도 예측할 수 없습니다. 자신에게 의미가 있고 재미있고 잘할 수 있는 일을 선택하는 것이 불확실한 21세기를 살아가는 키워드입니다."

미래를 예측하기 위해 여러 금융기관이 앞다투어 각종 경제전망 자료를 내놓는다. 사람들은 이 자료에 의존해서 미래를 예측하고 투자를 하지만 전망이 틀릴 때가 종종 있다. 뒤늦게 후회를 하지만 그 결과는 순전히 자신이 책임져야 한다. 금융기관들은 변화된 경제추세에 따라 새로운 전망을 내놓을 뿐이다. 그러므로 불확실한 자료에 전적으로 의존하지 말고 참고만 해야 한다. 안철수가 강연에서 던진 메시지처럼 불확실한 미래를 예측하는 대신 가장 확실한 내 안의 열정을 따라 살아야 한다. 나 자신을 분석하고 파악한 후 올바른 선택을 해야 한다.

소크라테스는 "너 자신을 알라"고 했다. 나는 그 말을 스스로 어떤 분야에 재능이 있고 무슨 일을 할 때 가슴이 뛰는지 안다는 뜻으로 해석한다. 자신이 좋아하면서 소질을 발휘할 수 있는 분야를 찾아야 한다. 가장 확실한 나의 재능에 투자해서 계발하는 것이 21세기를 살아가는 안정적인 방법이다.

지금까지 여러 사람의 결혼식에 다녀왔다. 큼직한 연회장에서 신랑과 신부가 혼인서약을 할 때 내 가슴도 따뜻해짐을 느꼈다. 결혼식은 당사자뿐만 아니라 식에 참석한 사람에게도 참으로 뜻깊은 의식이다. 잘 갖춰서 손님들이 편하게 머물다 갈 수 있는 만족스러운 결혼식은 권장할 만하다. 그렇지만 단지 보여주기 위해 과도하게 화려함만 추구한 결혼식이 돼서는 안 된다. 불완전한 반쪽 두 명이 만나 완전한 한쪽이 되는 결혼을 진심으로 축하해주는 결혼식이 되어야 한다.

허례허식이 돈을 좀먹는다. 보여주기 위한 결혼은 뒤탈이 날 수 있음을 기억해야 한다. 분수에 맞게 결혼식을 치러야 한다는 뜻이 아니다. 결혼 상대자가 가장 빛나야 한다는 의미다. 겉모습만 보고 선택한 사람이 아닌 바른 인성과 뚜렷한 비전을 가진 사람이어야 한다. 어떤 배우자를 만나느냐에 따라 결혼 후의 삶이 결정된다. 함께 같은 방향을 보며 상승작용을 하는 사람을 만나야 한다. 독자들 가운데 싱글이 있다면 겉모습과 함께 보이지 않는 잠재된 가능성 부분까지 고려해서 최고의 반쪽을 만나길 바란다.

09

통장에 잠깐 찍혔다 사라지는 월급

"마이너스를 메울 수가 없어."

"성과급 받을 때나 숨통이 트이지, 평소에는 계속 마이너스야."

직장인 중에서 마이너스 통장을 가지고 가계를 꾸려가는 사람이 꽤 될 것이다. 주위를 둘러보면 앞으로 받을 급여를 담보로 마이너스 대출을 받아 생활비를 충당하는 사람들이 종종 눈에 띈다. 예로 A 씨는 늘 통장에 마이너스로만 기록되다가 성과급이 나오는 때에만 잠깐 숨통이 트인 후, 곧바로 마이너스로 돌아선다고 한다. B 씨는 뻔한 월급이지만 자녀교육에 투자를 아낄 수 없어 이래저래 퍼붓다 보니 마이너스가 수천만 원 단위가 됐다. 그래서 흔히들 월급날을 기다리면서도 기대했던 것처럼 마냥 반가워하지만은 않는다. C 씨는 신혼집 마련을 위해 있는 빚 없는 빚 모두 끌어모아 전세금을 마련했다. 그는 매달 나가는 이자 비용이 힘에 부친다고 하소연한다. D 씨는 한 달 경조사비로 세 자릿수를 지출할 때가 있었다고 토로한다. 모두 다 놀랄 만한 일이다.

직장에 다니며 충분히 의식주를 해결할 수 있어야 하는 게 정상이지만 점점 실질소득은 줄어들고 있다. 〈경향 비즈앤라이프〉 2014년 4월 21일 자 이윤주 기자의 기사를 보자.

> 21일 한국은행 통계를 보면 지난해 1인당 국민총소득(GNI)은 2만 6,205달러였다. 올해 3만 달러에 육박할 것이라는 전망도 나오고 있다. 4인 가족이라면 가구소득이 1억 2,000만 원 정도 된다는 얘기다. 그러나 한국 사회에서 가구소득이 1억 원 안팎이면 고소득층에 속한다. 국민소득지표를 일반인이 체감하지 못하는 이유는 소득의 상당 부분이 기업에 쌓여 있기 때문이다. 국민소득에서 기업과 정부의 몫을 제외한 가계의 1인당 소득(PGDI)은 1만 5,000달러 수준이다. 국민소득 중 가계소득비중은 지난해 56.1%였다. 경제협력개발기구(OECD) 회원국 21개국 평균치 62.6%와 비교하면 밑에서 6번째로 낮은 수준이다.

풍선에 공기를 잔뜩 불어넣고 손을 놓으면 바닥에 떨어질 때까지 공기를 뿜어내며 날아간다. 로켓이 배기가스의 힘으로 하늘 높이 우주공간으로 날아가는 원리와 같다. 뉴턴이 밝힌 운동 제3법칙인 작용 · 반작용의 법칙이다. 위키백과에선 이 법칙을 '물체 A가 다른 물체 B에 힘을 가하면, 물체 B는 물체 A에 크기는 같고 방향은 반대인 힘을 동시에 가한다'라고 정의한다. 작용이 있어야 반작용이 있다.

사람들은 때로 반작용만 하며 하루하루를 꾸역꾸역 살아낸다. 주어진 환경에서 주어지는 조건에 맞춰 시간을 소비하며 하루를 보낸다. 자신이 언제 스스로 작용을 직접 만들어봤는지 기억이 나는가? 학교에서 직장에서, 심지어 집에서도 작용이 주어질 때 반작용만 하는 내가 된 건 아닌지 돌이켜보자.

나 또한 과거 회사 일에 찌들어 반작용만 하며 살아온 날이 길었다. 누가 뭐라 하든 달게 욕을 삼켰고 나름 그때그때 잘 대처하고 있다고 여겼다. 그런데 어느 날 문득 이런 생각이 들었다.

'내가 지금 여기서 뭘 하고 있지?'

'왜 시간 죽이며 남이 시키는 일만 하고 있지?'

월급을 꼬박꼬박 모으고 지출을 최소화하며 돈을 모아야 한다고 생각했다. 정말 성실하게도 남들 하는 대로 여러 저축은행에 통장을 개설하고 예금자보호법을 따져가며 은행마다 적금을 들었다. 직장인이니까, 결혼 적령기니까 말이다. 그렇게 나는 삶의 가치와 기준이 명확하지도 않은 채 남들이 하는 대로 그저 생각 없이 따라갔다. 나 스스로 작용을 일으켜야겠다는 생각을 미처 못했다. 그저 그런, 겨우겨우 반작용만 하는 사람이었다.

반작용만 한다는 건 자신의 의지가 아닌 타인의 의지에 따른다는 것을 의미한다. 분명 내 삶을 살아가는 데도 뭔가 이상한 느낌이 든다. 체면 때문에 참여하는 경조사, 남들이 사니까 사는 물건, 다들 해외로 가니까 떠나는 여행, 신혼집은 당연히 마련해야 한다며 덩달아 마련하는 집…, 그런 탓에 통장의 잔고는 채워지는 날이 많지 않다.

"이체일은 언제로 하시겠습니까?"

신용카드, 휴대전화, 보험료 등 각종 비용의 납부시기를 결정할 때 자주 듣는 말이다. 이체일은 월급날 바로 다음으로 정하는 게 가장 안심이 된다. 통장이 비어 있으면 연체될 위험이 있기에 불안하다. 그래서 월급을 받고 며칠만 지나도 '0'이 하나씩 줄어드는 걸 속절없이 바라봐야 한다. 내 독에 든 쌀을 자신이 먹기도 전에 남이 퍼가도록 하는 것과 같다. 통제되지 않은 지출로 매달 수입이 급속도로 사라지는 현상을 두고 볼 것인가.

지출을 통제해야 한다. 돈이 들어오고 나갈 때를 살펴봐야 한다. 무엇 때문에 돈이 움직이는지 따져보라. 남들의 눈을 의식해서, 너나없이 하는 것이니까 덩달아서 지출했다면 자신을 돌아볼 필요가 있다. 안이 꽉 채워지지 않았는데 돈을 써서 바깥을 채우려 한다고 풍족해지겠는가. 먼저 자신을 들여다봐야 한다. 그리고 내면을 채울 수 있는 일에만 투자해야 한다. 그것도 아낌없이 과감하게 투자해야 한다.

자기계발 등을 통해 현재와 미래의 자신에게 과감하게 자본투자를 해야 한다. 집중적으로 노력하고 경험이 쌓이면 사람들이 나를 찾게 되어 있다. 그때 그들이 원하는 가치를 제공하면 수익이 발생한다. 조금씩 서서히 발생하는 것이 아니라 기하급수적으로 발생하여 급기야 폭발할 정도에 이르게 된다. 치열한 노력이 성과를 발휘하게 되면, 성공이 파도처럼 밀려온다.

지난 2월 나는 난생처음으로 카드할부를 시도했다. 자기계발에 투자해서 책을 쓰고 꿈을 이뤄 몇백 배의 수익으로 되돌아올 거라 확신하며 남들이 보기에 미친놈처럼, 스스로 생각하기에도 바보가 된 것처럼 거액의 돈을 망설임 없이 투자했다. 카드할부금이 나를 압박할 때면 로버트 기요사키의 《앞으로 10년, 돈의 배반이 시작된다》에서 발견한 다음의 문구를 떠올리곤 했다.

당신이 돈을 빌려 가치가 상승하는 상품에 투자한다면 이것은 좋은 빚이다. 빌린 돈으로 가치가 떨어지는 상품에 투자하면 나쁜 빚이다. 경제 상황을 개선하고 순자산 가치를 높이기 위해서는 좋은 빚을 활용하고 나쁜 빚은 피해야 한다. 빚은 지렛대의 원리와 비슷하다. 좋은 빚이든 나쁜 빚이든 투자된 모든 빚은 확대 재생산된다. 자동차처럼 가치가 사라지는 부채를 사기 위해 빚을 지면 비용이 점점 커질 것이다. 나쁜 빚은 당신 주머니에서 돈을 빼가는 부채를 증대시킨다.

저평가 우량주인 나 자신에게 투자할 때야말로 엄청난 수익을 기대할 수 있다. 나는 자유의지를 가졌으니 신념대로 행할 수 있기 때문이다. 설령 몇 번의 고비가 있을지언정 신념을 가지고 목표 지점을 향해 빨리 올바로 나아간다면 성공은 이미 이루어진 것이나 다름없다. 이미 이루어진 미래를 내 앞으로 끌고 와 이루어진 그대로 생각하고 행동하면 된다.

월급이 통장을 스쳐 지나가도록 해선 안 된다. 반드시 흔적을 남기도록 하자. 의미 있는 흔적은 내게 남아 자산이 된다. 자산이 되는 경험을 해보자. 남과 똑같은 삶을 살기 위해 발버둥 치며 마이너스를 늘리는 우를 범해선 안 된다. 진짜 나 자신으로서 살아야 한다. 나만이 잘 알고 잘할 수 있는 전문 분야에서 일가를 이뤄야 한다. 그때까진 투자를 아끼지 않아야 하기에 빚이 늘어날 수밖에 없다. 하지만 잠시일 뿐이다. 자기 자신에게 하는 투자는 반드시 큰 수익이 되어 돌아온다.

10

돈, 구속받지 않는 자유

길을 걷다 손을 휘휘 저으며 뭔가를 걷어낼 때가 종종 있다. 거미줄이다. 거미가 길을 가로질러 거미줄을 친 것이다. 거미는 거미줄을 뽑아 바람에 날리면서 비행을 하는데 이를 유사비행이라고 한다. 길게 내어 뽑은 거미줄이 바람에 날리면 거미는 최대 상공 3,000미터까지 날아오를 수 있다. 하지만 거미줄을 보며 저 하늘 높이 날아오르는 자유를 꿈꾸는 사람은 많지 않을 것이다.

비둘기가 날아오를 때 깃털이 떨어지곤 한다. 깃털은 바람에 날려 떨어지는 반면 비둘기는 날아오른다. 비둘기와 깃털을 바라보면서도 자유를 떠올렸다. 원하는 곳으로 날아가 닿는 그 날개를 상상했다. 거미줄과 비둘기의 날개는 내게 자유를 상징한다. 원하는 곳에 갈 수 있는 공간적 자유는 시간상의 자유까지 의미한다. 땅을 딛고 가야 할 거리를 푸른 하늘을 날아서 가니 시간을 절약할 수 있기 때문이다.

자유의 사전적인 의미는 '외부적인 구속이나 무엇에 얽매이지 아니하고 자기 마음대로 할 수 있는 상태'다. 직장인들 사이에서 흔히 들을 수 있는 자유는 경제적 자유를 뜻한다. 원하는 대로 하고 시간을 자신의 뜻대로 쓸 수 있으면서 돈이 충분한 상태를 일컫는다. 이는 일만 하느라 삶을 즐기지 못하고 가족과 충분히 시간을 함께하지 못하는 속박에서 벗어나고자 하는 사람들의 공통된 욕망을 보여준다.

1980년대 중반 우리 가족은 광명시 하안동에 살았었다. 판자촌이라 불러도 무방한 동네였는데, 주인집 하나를 둘러싸고 각 방이 좌우로 다닥다닥 붙어서 담을 이룬 것 같은 집이었다. 저물녘까지 연탄재를 장난감 삼아 흙장난을 하던 그 시절, 땅거미가 지면 어머니는 집에 들어와 밥을 먹으라고 하셨다. 친구들은 모두 비슷한 슬레이트 지붕을 얹은 집에 살며 같은 유치원에 다녔고 매일 같이 뛰어놀았다. 지금의 광명시는 KTX가 지나지만 당시에는 동네 옆에 논이 있어 겨울이면 미꾸라지잡이가 한창인 시골 동네였다.

아버지는 근처 공단에서 일하시며 가족의 생계를 위해 육체적 한계를 넘어서야 했고, 생애 처음으로 어깨에 엄청나게 무거운 짐을 지셨다. 첫 월급이 16만 원이었는데 아버지는 너무나 힘들게 벌어들인 첫 월급을 차마 손댈 수가 없어 봉투째 어머니께 갖다 드렸다. 그러고는 소주 한 병을 사다 달라고 하셨다고 했다. 어머니도 재산을 빨리 모으기 위해 집에서 끊임없이 부업을 하셨다. 단칸방에 들어서면 늘 납땜 냄새가 고소하게 풍겨왔다. 어머니는 한시도 손을 놀리지 않고 납땜이며 다른 부업까지 집에서 할 수 있는 것이라면 닥치는 대로 하셨다.

그러던 어느 여름, 장마가 져서 동네가 물에 잠기는 사태가 벌어졌다. 하는 수 없이 중요한 물건만 챙기고 우리 가족은 근처 고지대에 있는 초등학교로 피신했다. 나는 삼촌의 어깨 위에 목말을 타고 소풍을 가는 것처럼 신이 났다. 물은 어른 허리 밑까지 차올랐고 온통 흙탕물이었다. 그런데도 나는 수영을 하면 어떨까 하는 철없는 생각만 했다. 그렇게 철없던 어린 시절을 돌이키다 보니 이제야 떠오르는 우리 부모님 결혼사진. 부모님의 결혼사진은 홍수가 났을 때 모두 훼손되어 지금은 남아 있지 않다.

부모님은 결혼식은 했으나 신혼여행을 다녀오지 않았다. 아니 정확하게는 못 갔다 온 것이다. 그 시절 결혼한 젊은 부부들 중에는 이런 커플이 적지 않았을 것이다. 그런데 문제는 여태까지 우리 부모님은 여권을 만들어본 적도 없고, 바다 건너 여행이라고는 제주도뿐이었다는 것이다. 삶이 바쁘고 자식이 먼저라서 저축을 해야 하기에 시간을 내기도, 시간이 났더라도 거금을 들여 여행을 가는 게 부담이었다. 그래서 나는 늘 우리 부모님과 언젠가 해외

여행을 함께 가보고 싶다는 생각을 해왔다. 그래서 부모님과 지중해 크루즈여행을 함께 가겠다는 소원을 버킷리스트로 기록했다.

태극권을 한참 하고서 밤 11시가 넘어 회사 숙소가 있는 아파트 단지를 둘러서 갈 때면 버스 정류장에 쓰여 있는 천상병 시인의 '날개'라는 시를 유심히 읽어보곤 했다. 삶을 아름다운 소풍으로 표현한 아이 같은 영혼을 지닌 그에게 날개가 어떤 의미를 지녔을지 정확하게는 모르겠지만 '여행이라고는 신혼여행뿐인데'라는 한 구절에 마음이 울렸다. 신혼여행을 다녀오지 못한 우리 부모님은 얼마나 날개가 갖고 싶었을지 생각해본다. 평생을 노동자로 살며 어떻게 사는 것이 즐기며 사는 것인지도 모른 채 여유로운 생활만 지향하며 사셨던 두 분이다.

경제적으로 풍족해지기 위해서 하지 않았던 일이 무엇이었을까? 여행, 가족과의 행복한 외식, 사랑하는 사람에게 주는 선물 등이 있을 것이다. 이것들을 누리지도 못한 채 앞만 바라보며 달려왔지만, 번듯하게 이루어놓은 것도 딱히 없다. 너무 오래되어 바스러지는 썩은 나무처럼 시간은 순간순간의 행복을 지켜주지 못하고 형체도 없이 사라져버리게 했다. 그리고 남은 것은 관절염과 통증이다. 여전히 일을 하시며 자식 걱정인 부모님께 나는 진짜 날개를 달아줄 것이다.

우리는 왜 경제적으로 자유로워야 할까? 그 이유는 단순하고 뚜렷하다. 바로 사랑을 위해서다. 나를 사랑하고 가족을 소중히 여기기 위해서다. 속박된 몸으로는 자신도, 가족도 돌보기가 힘들다. 물론 어느 한 곳에 소속되어 있으면 안정이 되므로 가정을 꾸리는 기반이 될 수는 있다. 하지만 하루 스물네 시간 중에 열두 시간을 일하고 여덟 시간 동안 수면을 취하고 나면, 밥 먹고 씻고 대화하는 자유를 누리는 데 네 시간밖에 남지 않는다. 이래서는 사람들에게 사랑을 표현하고 함께 삶을 누릴 시간이 충분하지 않다.

돈은 구속받지 않는 자유를 의미한다. 먼저 가족에게 사랑을 표현할 수 있고 날개를 단 듯 어느 곳으로든지 떠날 수 있게 해준다. 시간과 맞교환되는 성질이 있어서 공간적, 시간적 자유를 모두 누리게 해준다. 이에 덧붙여 우리가 누릴 수 있는 것에 대해 보도 섀퍼의 《보도 섀퍼의 돈》에 쓰인 다음 내용을 읽어보자.

> 돈은 당신의 삶을 자유롭게 만든다. 당신은 자신이 좋아하고 재능에도 걸맞으며, 다른 사람에게도 유익한 일에 마음껏 몰두할 수 있게 된다. 돈이 있어야 돈이 인생에서 지나치게 큰 비중을 차지하지 않도록 할 수 있다. 돈이 있으면 당신 자신에게 가장 중요한 일에 몰두할 수 있다. 돈이 있어야 균형이 생긴다. 돈이 있으면 당신은 휴식을 취하고 인생의 다양한 영역을 챙길 수 있다. 당신은 살고 싶은 곳에서 살 수 있고, 사귀고 싶은 사람을 사귈 수 있게 된다. 돈이 있으면 당신은 시간을 마음대로 활용할 수 있다. 당신은 필요에 의해 억지로 일하지 않아도 되며, 자신이 의미 있다고 생각하는 일에 몰두할 수 있다. 돈은 곧 권한을 의미한다. 돈이 있

으면 당신은 사회와 다른 사람에게 좋은 영향을 미칠 수 있다. 돈이 있으면 성공한 사람들과 쉽게 사귈 수가 있다. 그들은 당신이 자신의 능력보다 적은 성과에 만족하는 것을 용서하지 않는 사람들이다.

경제적 이유 때문에 하지 못한 일이 있는지 기억해보자. 수도 없이 많을 것이다. 시간이 없어 시도하지 않은 일은 또 얼마나 많은가. 경제적 목표에 과도하게 얽매이면 '미래를 위해서'라는 한마디로 오늘의 행복을 내일로 미뤄야 할 때가 종종 있다. 구속받지 않는 완전한 자유가 어떨지 상상이 되는가? 시공간을 뛰어넘어 존재할 수 있는 그런 자유 말이다.

돈은 구속받지 않는 '자유'를 뜻한다. 경제적으로 풍족할 때 그물에 걸리지 않는 바람처럼 자유로운 영혼으로 살아갈 수 있다. 그리고 사랑하는 사람의 자유도 지켜줄 수 있다.

• 2장 •

적게 벌어도 잘사는 사람들의 비밀

01

돈은 생물이야

"평범한 사람들은 돈에 대해 감정적이다. 이에 비해 부자들은 돈을 이성적으로 생각한다. 평범한 사람들은 돈을 만질 때 자꾸 이성을 잃는다. 돈을 편하게 대하지 못하고 자꾸 흥분한다. 어떤 때는 공포감마저 느낀다. 그러나 부자는 돈을 다룰 때 냉정하다."

〈한경비즈니스〉 2013년 3월 8일 자 이홍표 기자의 '부자들의 사고방식 21가지 도전 · 열정 · 이기심… 부자의 키워드'라는 기사에서는 평범한 사람과 부자가 돈을 대하는 태도에서 어떤 차이가 있는지를 보여주고 있다. 부자들은 돈이 생물처럼 사람의 이성을 뒤흔든다는 걸 알고 있기 때문에 돈 앞에서도 흔들리지 않는 반면, 평범한 사람들은 살아 움직이는 돈에게 마음의 전쟁에서 지기 십상이다. 마음에서부터 돈에게 패배하면 돈이 흐르는 대로 마음이 따라가므로 돈을 지배할 수 없게 된다.

"주머니가 두둑해야 기죽지 않는다." 집에 머물다 서울 자취방으로 떠나갈 때면 아버지는 늘 내게 돈을 쥐여주시며 이렇게 말씀하셨다. 지갑이 가벼우면 사람이 자신이 없어진다면서 지폐로 지갑을 채워주시며 친구들과 만날 때도 당당하라고 하셨다. 사람들과 식사를 할 때면 지갑이 가벼운 사람이 먼저 나서서 계산을 하는 경우가 종종 있다. 이런 행위의 이면에는 가벼움을 대담한 행위로 감추려는 마음이 숨겨져 있다. 지갑이 가벼우면 마음이 무겁고 지갑이 무거우면 마음이 가볍다. 굳이 그렇게까지 할 필요가 없음에도 마음의 무게를 덜기 위해서 먼저 나서는 건 아닌지 돌아볼 필요가 있다.

내 장지갑엔 100억 원짜리 수표가 한 장 있다. 이미 가졌다는 심상화를 위해서 늘 들고 다닌다. 상점을 둘러보다가 원하는 것이 눈에 띄면 그냥 들어가서 직접 만져보고 물건을 평가한다. 이미 많은 것을 가졌다고 스스로 인정하기 때문에 거리낄 것이 전혀 없다. 언젠가 가질 것이라면 미리 만져보고 내게 가장 적합한 것을 찾는 과정이 필요하기 때문이다. 그저 나는 이러한 과정을 즐기면 된다. 가벼운 생각을 가지고 무관심한 듯 두어야 원하는 것을 끌어당길 수 있다. 마음을 졸이며 바라보는 대상은 내게로 끌어오기가 힘들다는 것을 알아야 한다.

남녀 사이에 '밀당(밀고 당기기)'이 있어야 관계가 발전하듯 사람 간에는 적정한 긴장감이 유지되는 것이 좋다. 밀기만 하거나 당기기만 하면 좀처럼 가까워질 수 없다. 상호작용이 있어야 사람 사이도 좋아질 수 있다. 이 상호작용은 일정한 거리를 필요로 한다. 딱 붙어 있거나 아예 멀리 떨어진 사이에서는 긍정적 상호작용이 일어나지 않으므로 적정 거리를 유지하는 것이 매우 중요하다.

돈과의 관계에서도 '밀당'을 하듯 긍정적 상호작용을 해야 돈이 내게 끌려온다. 상호작용이 중요한 것처럼 돈이 '살아 있음'을 이해하는 것 또한 필요하다. 한 번 쓰고 없어지는 단순한 '가치저장' 수단이냐 평생 먹고살게 해주는 '가치창출' 수단이 되느냐는 전적으로 자신에게 달려 있다. 소비할 것인지, 투자할 것인지의 결정이 삶에 어떤 역할을 하는지 마담 호는 《부의 시크릿》에서 '살아 있는 돈'으로 설명하고 있다.

'굶주린 아이에게 생선을 주면 그 아이는 그날 하루만은 배부를 수 있지만, 다음 날에는 또 배고픔을 느끼게 된다. 하지만 굶주린 아이에게 물고기를 낚는 법을 가르쳐주면 그 아이는 평생 스스로 먹고살 수 있다.' '죽은 돈'을 쓰는 것은 소비, 그것은 그 순간뿐이다. '살아 있는 돈'을 쓰는 것은 투자, 그것은 쓰는 방법에 따라 항상 사람들에게 존경받게 해주는 키워드다.

이처럼 돈은 투자가 됐을 때 끊임없이 가치를 창출하여 투자자에게 원금 이상의 수익을 안겨준다. 마치 자신이 일을 하지 않아도 돈이 알아서 일한 후 그 결실을 주주에게 전액 배당하는 것처럼…. '죽은 돈' 대신 '살아 있는 돈'을 써서 부가 유입되는 파이프라인을 만드는 동시에, 돈의 또 다른 생물적 속성을 살펴볼 필요가 있다.

내가 사는 집 앞 태극권 도장에는 다육식물이 심어진 화분이 여러 개 있다. 특히 차 테이블 앞에 놓인 다육식물이 무럭무럭 자라는 걸 최근에 알아챘다. 왜 그런지 사범님께 물었더니 보이차를 주어서 쑥쑥 자라기 시작했다고 하셨다. 보이차를 물 대신 흡수한 것도 있지만 사람들이 늘 보고 만지고 예뻐해 주기 때문이란 생각이 든다. 식물도 사람과 같아서 관심을 가져주고 정성을 들이면 훨씬 잘 자란다. 반면 관심을 가지지 않으면 물도 제대로 흡수하지 못한 채 말라 죽을 수도 있다. 사람이 어떻게 대하느냐가 성장 여부나 속도를 결정한다. 식물이나 동물 모두 사랑을 쏟으면 그에 걸맞은 반응을 보인다.

"돈이 뭔지 알 것 같다. 돈은 생물이다. 돈이 크게 자라면 돈이 나를 잡아먹는다. 그래서 사람들은 자신이 누군지 잊는다."

2013년 말에 방영된 드라마 〈예쁜남자〉에서 마테(장근석 분)가 유라(한채영 분)에게 전화를 걸어 했던 말이다. 처음 대사를 들었을 땐 감이 잘 오지 않았다. 무슨 말인지 곰곰이 생각했다. 돈에게 잡아먹힌다. 돈보다 소중한 가치가 있는데 그 가치를 무시하고 돈을 앞세우는 어리석음을 꼬집는 것이다. 가장 쉬운 예로 로또복권 1등에 당첨되어 벼락부자가 된 사람들을 들 수 있다. 그들 중 대다수가 몇 년 후에 빈털터리로 돌아온다고 한다. 이런 특수한 경우뿐만 아니라 평범한 사람도 때로 돈과 어떤 일의 경중을 저울질하고서, 돈을 택하고 다른 가치를 버릴 때가 있다. 사랑하는 사람의 생일인데 케이크 하나도 마련하지 못하는 경우가 그러하다. 이런 일은 상대방에게 상처로 남는다. 수단과 목적이 뒤바뀌어 수단에 휘둘림으로써 소중한 사람에게 상처를 남겨선 안 된다. 가치추구라는 목적을 향해 온 세상이 나를 돕도록 행동해야 한다. 한곳으로 힘이 집중되도록 중심을 잘 잡고 있어야 한다.

어렸을 적 비눗방울을 가지고 놀았던 경험은 누구에게나 있을 것이다. 헌데 이 비눗방울은 붙잡으려고 손을 대거나 바닥에 닿으면 터지기 일쑤다. 언젠가 TV에서 비눗방울 속에 비눗방울을 불어넣는 걸 보고 매우 신기해했는데, 그 원리가 더 흥미로웠다. 바깥의 큰 비눗방울 안으로 빨대를 밀어 넣고 바람을 불어 작은 방울을 만들면 끝이었다. 비결은 빨대에 비눗물을 잔뜩 묻히는 것이다. 아무것도 묻히지 않은 빨대를 갖다 대면 비눗방울은 어김없이 터져버린다. 액체의 속성이 서로 모여 있는 걸 좋아하기 때문이다. 그래서 빨대에 비눗물이 묻어 있으면 함께 막을 형성해 터지지 않고 원형을 유지한다.

일상에서도 비슷한 경험을 해봤을 것이다. 쟁반 위에 남겨진 물방울들 사이에서도 큰 것이 작은 것을 흡수하는 모습을 종종 봤을 것이다. 이처럼 액체는 모여 있기를 좋아하고 큰 것이 작은 것을 흡수하는 경향이 있다. 마치 힘이 센 녀석이 약한 녀석을 지배하는 것처럼, 액체는 큰 것이 작은 것을 끌어당겨 작은 것이 큰 것 속으로 흡수된다. 이는 돈의 속성과도 비슷하다고 할 수 있다. 돈은 모여 있는 것을 좋아한다. 그래서 부자는 더 부자가 되고 가난한 자는 더 가난해지는 것이다.

〈한국일보〉 2000년 12월 19일 자에 박노형은 '돈은 냉정한 생물'이라는 기사에서 이렇게 말했다.

> 나는 돈을 생물이라고 본다. 돈은 끊임없이 스스로 움직이는 물체와 같다. 자유자재로 분할하고 통합되는 아메바처럼 돈은 스스로 본능적인 번식을 위하여 끊임없이 움직인다. 그리고 돈은 후각이 뛰어나 돈 냄새가 나는 곳이면 국경과 시간을 초월하여 어디든지 간다. 또한 돈은 사사로운 감정에 치우치는 법이 없다. 비록 전주가 돈이 꼭 필요하더라도 돈은 자기가 있을 곳이 아니라고 판단하면 가차 없이 떠난다. 주인이 돈을 관리 · 지배하는 것이 아니라 돈이 주인을 알아본다는 식이다. 냉정한 놈이다. 이와 같은 돈의 생리 때문에 우리 모두 많은 돈을 벌려고 노력해도 한계가 있다.

돈은 생물이다. 그것도 냉정한 생물이다. 흔히 돈은 물과 반대 방향으로 흐른다는 말이 있다. 가난한 자에게서 부유한 자에게로 흘러간다는 뜻이다. 요즘 뉴스를 보면 쉽게 알 수 있다. 부익부 빈익빈의 추세는 자본주의 사회에서 여전히 진행 중이다. 그렇다면 우리는 이 냉정한 생물을 어떻게 대해야 할까?

돈이 자신을 통해 흐르도록 해야 한다. 자신이 추구하는 가치를 사람들이 원하게 하면 된다. 그러면 사람들은 고유한 가치를 얻어가기 위해 나를 찾아와 가치 제공에 대한 대가를 지불할 것이다.

02

커도 작은 집, 작아도 큰 집

"자기가 싫은 것은 남에게 베풀지 말라."

"남으로부터 대접을 받고자 하는 대로 너희도 남을 대접하도록 하라."

첫 번째는 동양의 성자인 공자가 한 말이고, 두 번째는 마태복음 7장 12절에 나오는 문구다. 표현은 다르지만 결국에는 같은 뜻을 전하고 있다. 자신이 대접받고 싶은 만큼 남을 대하라는 얘기다. 그런 사람이 당신 주위에 많은가? 그렇다면 당신은 행운아다. 대부분의 사람은 받기 전에 주는 것을 꺼린다. 언제 어떻게 돌려받을지 알 수 없기 때문에 확실히 하기 위해서 먼저 받기를 바란다. 하지만 나의 34년 인생 경험에 의하면 뭔가를 얻기 위해서는 먼저 대가를 치러야 한다. 물건이든 행위든 먼저 베풀어야 받을 수 있다.

우리 부모님은 청소년 시절부터 노동자로 살아오셨다. 특히 어머니는 자녀가 많은 집에서 살림을 도맡다시피 하면서 중학교를 졸업하시고, 광주의 한 방직공장에서 3교대로 사회생활을 시작하셨다. 작은외삼촌은 어머니의 경제적 지원으로 고등학교까지 무사히 졸업할 수 있었다. 대신 어머니는 자신을 희생해 외삼촌의 교육비를 지원했다. 섬마을 선생님이 꿈이었던 어머니는 노동을 시작한 지 40년이 다 되어감에도 손을 놓을 수가 없는 상황이다. 미래에 자식들에게 부담을 지우지 않으면서 어머니 스스로 노후를 책임지기 위해서다. 국민연금을 수령하는 그 시기까지 부지런히 일할 거라고 말씀하신다.

평생을 노동으로 살아오신 부모님은 절약과 근검으로 삶을 일구셨다. '티끌 모아 태산'을 실천하며 살아오셨고, 실제로 태산까지 만드셨다. 비록 사기 사건 때문에 가정경제에 타격이 있었지만 시간이 흐른 지금 모두 회복됐다. 사건을 수습하는 과정에서 어머니는 힘을 잃었고 건강마저 잃어서 앞머리 탈모, 허리 굽음, 갑상샘암으로 고생하셨다. 아버지는 사기를 당한 이후 심적 고통으로 오랫동안 힘들어하시다가 이제는 심신 모두 완전히 건강해지셨다. 지금은 젊음의 열정과 시간을 쏟아 가족의 생계를 책임졌던 창원을 떠나 고향으로 이사하셔서 풍요로운 삶을 꾸려가고 계신다. 어머니는 여전히 청소 일을 하고 계시지만 다시 번듯한 내 집을 마련하셨고 친척, 친구와 지인들에게 베푸는 삶을 살고 계신다. 아버지가 가꾸시는 복숭아밭엔 복숭아뿐만 아니라 수박, 참외, 도라지, 옥수수, 고추 등 온갖 채소와 과일이 심어져 있다. 때마다 수확해 먹어도 넘쳐나서 주위 사람들에게 나눠주신다.

이렇듯 땅이 주는 풍요로움을 즐기게 된 부모님이지만, 몇 년 전까지만 해도 마음속 울타리가 있었다. 어머니는 내 집 마련을 위해 평생을 일하셨지만, 한 번의 사기 사건으로 내 집이 넘어갈 때 뒷수습만 하셔야 했다. 재건축 딱지를 사서 입주할 아파트가 지어질 때까지 한참을 기다렸는데 결국 물거품이 됐다. 그렇게 사라진 노력의 흔적들이 마음을 갈기갈기 찢어놓았다.

이후 근처 전셋집으로 이사하여 29평 집에 사시게 됐다. 비록 남의 집이었지만 과거를 치유하고 현재를 다지며 미래를 준비하기에 적합한 집이었다. 집 앞으론 실개천이 흐르고 집 뒤엔 동산이 있어 한 시간 정도 산책하기에 딱 좋았다. 창원 시내에 이 정도로 탁월한 주거조건을 갖춘 집은 별로 없었기에 과거의 실수를 차근차근 회복하는 데 도움이 됐다. 그렇지만 어머니는 누가 우리 집에 오는 걸 반기진 않으셨다. 내 집이 아닌 데다 29평이 좁다고 생각하셨기에 다른 이들에게 보여주고 싶지 않으셨기 때문이다. 그래서 29평이 어머니께는 작은 집이 됐다. 과거의 경험에서 오는 불안감 때문이었을까. 티끌이 모이면 통장이란 울타리 안에 가둬

둔 후 꺼내놓을 줄을 몰랐다. 누군가에게 베풀 여유가 전혀 없었다. 다시 한 번 당하면 재기하기 힘들고 가족에게 지울 수 없는 상처로 남을 것이라 여기셨던 듯하다. 이전보다 마음속 울타리가 높아지고, 작은 마음이 주위 환경을 작고 좁게 만들었다. 그래서 어머니는 늘 손님을 초대할 이유가 생길 때마다 입버릇처럼 '집이 좁아서'라는 핑계로 피해 오셨다.

사람들이 들고 나는 집의 크기는 집이 넓으냐 좁으냐에 의해 결정되지 않는다. 바로 집을 얼마나 큰 공간으로 보느냐에 달려 있다. 친구 D의 어머니는 18평에 사신다. 그런데 표면적으로 그렇게 넓지도 않은 집은 늘 사람들로 북적인다. 자녀는 물론이고 친구들이 늘 그 집을 드나들기 때문이다. 친구 어머니는 자신의 것을 챙기면서도 자녀와 친구, 지인들을 늘 생각하셨다. 반찬 하나를 하더라도 가족을 위해 무엇을 해야 할지 고민하며 엄청나게 에너지를 소진하셨다. 그래서 가족들이 자신에게 무엇을 해주기 전에 항상 먼저 엄청나게 베푸셨다. 가족에게 하듯이 지인들에게도 했기 때문에 친구 어머니의 집은 손님들로 항상 북적였다.

먼저 베풀며 내 것을 남에게 주기를 아끼지 않았던 사람은 작은 집에 살아도 수많은 사람이 그와 만나길 바란다. 그래서 작은 집이 사람들로 커진다. 마음이 부자인 사람은 황금률을 지켜야 함을 체험적으로 알고 있고 아낌없이 실천한다. 황금률을 아는 사람은 자신이 먼저 준 것을 언제 어떻게 돌려받을지 모르지만 기꺼운 마음으로 먼저 베푼다. 받을 것으로 예상되는 양보다 훨씬 많이 준다.

반면 29평 전셋집에 살았던 어머니는 마음이 아파서, 상처가 너무 커서 더는 남을 돌아볼 여유가 없었다. 현금으로 광주에 집을 사서 이사 올 정도로 일정 수준의 재력을 보유하고 있으면서도 아물지 않은 상처 때문에 누군가를 집에 초대하길 꺼리셨다. 객관적으로도 부족함이 없었지만 외부 환경은 큰 변화 없이 흐르다가 2013년에 이사를 하고서야 부모님의 마음을 가두고 있던 빗장이 풀렸고 수많은 친척과 지인들이 부모님을 만나기 위해 우리 집에 방문하셨다.

누군가는 부자 마음을 가지고 가족과 지인들에게 베푸는 삶을 사는가 하면, 다른 누군가는 비교적 풍족한 상황에서도 스스로를 작다고 느낀다. 똑같은 현실을 직면하고 살지만, 누군가는 받기 전에 베풀고 누군가는 수동적으로 반응한다. 만약 과거와 결별하지 못한 사람이 있다면, 뒤돌아보는 나쁜 습관의 사슬을 어서 빨리 끊어버리고 열린 마음으로 사랑을 베풀며 오늘을 살아야 한다고 말해주고 싶다.

모든 것은 마음이 창조한다. 마음속에서 나를 어떻게 바라보고 있느냐가 이 세상에 나를 어떻게 투영시킬지를 결정한다. 현재 내 모습은 프로젝터에서 쏘고 있는 화면이다. 어떤 내용으로 빔을 쏘느냐에 따라 눈에 보이는 형상은 달라진다. 마음속에 부자의 형상을 갖추고 있어야 부자로 행동할 수 있다. 마음이 풍요로워야 남에게 베풀 수 있다. 현재 당신을 둘러싸고 있는 조건들은 중요하지 않다. 현재는 그저 과거에 했던 생각들의 결과물일 뿐이다.

지금 이 순간부터 원하는 것을 끌어오겠다고 다짐하며 마음에서부터 최종적으로 되고 싶은 미래를 이미지로 상상해보자. 동시에 받기 전에 줄 수 있는 너그러운 마음을 지니자. 내면에서부터 부자 마인드를 갖추어보자. 오늘 당장 돌려받으려 말고 인간관계의 황금률을 삶으로 실천하자. 먼저 준다는 것은 사랑을 실천하는 것이다. 마음이 사랑으로 넘쳐나는 사람은 외모에서도 사랑이 묻어난다. 눈빛, 낯빛을 주목하라. 그들은 평범함과 180도 다른 삶을 살아가는 사람들이다.

내면에서부터 이미 부자가 된 것처럼 살아보자. 마음에서 생겨난 부자 마인드가 현실에도 영향을 미친다. 내면을 풍요롭게 바꾸고 인간관계의 황금률을 실천해야 한다. 내면의 이미지가 황금률을 실천하는 습관과 맞물려 시너지를 발휘할 것이다. 모든 건 내면이 결정한다는 사실을 잊지 말자.

03

내 안의 설렘을 되살려라

"소중한 꿈을 살아가세요. 다 이루어집니다!"

2014년 봄 나의 첫 번째 책 《책을 쓴 후 내 인생이 달라졌다》가 출간된 후 사인 연습을 했다. 사인할 때 쓸 문구까지 만들었다. '꿈을 살다.' 나는 이 말이 참 좋다. 꿈을 이루는 것뿐만이 아니라 꿈 자체인 삶을 살라는 의미라서다. 온전히 스스로를 내던졌을 때에야 비로소 느낄 수 있는 감정상태가 바로 꿈을 살아가는 단계다. 꿈대로 살면 바라는 건 모두 이루어진다.

지난 1월부터 난 책 쓰기를 배우기 위해 매주 토요일이면 서울을 오갔다. 한 달에 한두 번 일요일에 특강이 있어서 주말마다 대전과 서울을 오가야 했는데, 여간 힘든 일이 아니었다. 당시 개인 저서를 쓰기 전이었는데도 책 쓰기를 배우며 책을 읽고 과제를 해 가느라 주중에 밤을 새운 일도 수차례였다. 주말에 강남에서 책을 쓰는 데 모든 에너지를 쏟아 붓고 비로소 대전으로 돌아오면 이미 자정이 넘어 있곤 했다.

늘 괜찮다고 말하긴 했지만 사실 몸은 좀 피곤했다. 주중에 직장에서 체력을 소진하고, 주말이면 미친 사람처럼 아침 일찍부터 책 쓰기를 위한 모든 과정에 참여했다. 때론 식사를 제대로 하지 못해 배가 고파 병든 닭처럼 꾸벅꾸벅 졸기도 했다. 그렇지만 진심으로 행복했다. 2013년 12월 처음 책 쓰기 특강을 들었을 땐 어두운 얼굴, 굳은 표정에 40대 아저씨 같은 복장의 딱딱한 모습이었는데 이젠 만면에 미소를 머금은 제 나이 30대로 보이기 시작했다. 진짜 행복하기 때문에 표정도 매우 밝아졌다.

주말, 주중 가릴 것 없이 자기계발에 열중하다 보니 뜻밖의 수확도 있었다. 태극권을 꾸준히 하는 동시에 책 쓰기를 하며 자기계발에 열중하니 체중이 10킬로그램이나 줄었다. 사람들이 나를 볼 때마다 "못 알아볼 정도로 살이 많이 빠졌다"라고 인사를 건네는데 이것도 이젠 낯설지가 않다. 위대한 작가가 되기 위해 몸 건강을 지키려고 했던 태극권이 엄청난 효과를 끌어왔다. 책을 쓰며 행복해하고 지금 이 순간을 살아가니 즐거울 따름이다.

언제 설렘을 느꼈었는지 떠올려보자. 마치 가슴에 시멘트를 부어 굳혀놓은 듯 설렘을 잊고 산 지 오래인 사람도 있을지 모르겠다. 여러가지문제연구소장 김정운은 《남자의 물건》에서 '설렘'을 이렇게 정의했다. "가슴이 뛰고, 자꾸 생각나고, 목표가 이뤄지는 그 순간이 기대되는 그 느낌을 우리말로는 '설렘'이라고 한다." 원하는 어떤 것을 상상할 때 머리가 저려오고 가슴이 두근거리면 구체적인 장면이 머리에 떠오른다. 분명 그 장면의 주인공이 자신인데도 생생하게 상상할 땐 제삼자의 관점에서 바라보게 된다. 이럴 때면 감동이 밀려오고 설렘이 느껴진다. 이 설렘을 지킬 수 있다면 수없이 돌부리에 걸려 넘어지더라도 그때마다 벌떡 일어서서 툭툭 털고 나아갈 수 있다.

어느 여름 태풍이 휩쓸고 간 자리에 여러 그루의 아름드리나무가 뿌리째 뽑혀 쓰러져 있는 걸 봤다. 얼핏 봐도 30년생 나무들이 뿌리를 드러낸 채 땅바닥에 누워 있었다. 이때 갑자기 '임금님 귀는 당나귀 귀'가 떠올랐다. 신라 경문왕에 대한 설화 속 대나무 숲을 스쳐 가는 바람소리가 들렸다. 대나무 숲은 바람이 불면 이파리 부딪는 소리만 날 뿐 아무리 센 바람이 불어도 뿌리째 뽑히거나 부러지지 않는다. 마디가 있어 충격을 흡수하기 때문이다. 마디가 없으면 쉽게 부러진다. 아무리 바쁘더라도 삶에 마디를 마련하고 여유를 즐기며 살아야 무수히 겪게 되는 시련을 이겨낼 수 있다. 설렘을 가지고 잘 쉬어야 삶을 즐기게 된다.

즐기면 자연스럽게 두려움도 이길 수 있다. 안 해봐서 모르는 것들에 대해 우리는 두려움을 느낀다. 어떤 실패를 겪을지 모르니 도전조차 꺼리는 것이다. 그러나 어떤 분야건 모르는 것을 배워서 능숙해지면 자신감을 가질 수 있다. 누구나 익숙한 길 위에서는 길 잃을 걱정을 하지 않는다. 도리어 사람들에게 길을 알려줄 정도로 자신감이 있다.

새로운 일에 도전할 때면 목표 앞에서 목표는 커지고 자신이 작아지는 느낌이 들기도 한다. 도전으로 잃게 되는 현재의 안정, 꿈길에서 겪게 되는 고통 그리고 모든 노력을 기울인 후에도 빈털터리가 될 수도 있다는 두려움 때문이다. 물론 누구나 어떤 도전을 하든지 이와 같은 두려움에 직면하게 된다. 그러나 성공하는 사람은 끝까지 도전하면서 꿈 너머 꿈을 살아간다. 왜냐하면 그들은 될 때까지 도전하기 때문이다. 나의 시선이 어디를 향해 있는지 늘 주의를 기울이자. 원하는 것에 집중할 때에야 두려움은 작아지고 자신은 거인이 된다.

도전으로 겪는 변화를 통해 긍정적으로 변화할 자신의 모습만 생각해야 한다. 과거와의 사슬을 끊고 앞으로만 나아가며 원하는 것에 초점을 맞춘다. 상실, 과정, 결과에 대한 고통을 떨쳐낸다. 우리 뇌와 몸은 고통을 피하려고 하는 경향이 있기 때문에 늘 원하는 목표에만 집중할 때 두려움을 극복할 수 있다. 두려움은 강과 산처럼 늘 존재하는 것일 뿐이다. 피한다고 없어지는 것도 도전한다고 커지는 것도 아니다. 그저 받아들이되 목표에 집중하고 그저 바보처럼 보일지라도 자신의 길을 가면 된다.

즐기면 두려움을 이기게 되고, 두려움을 극복하면 삶을 즐길 수 있다. 두려울 게 없으니 이것저것 다 시도해보며 자신이 가장 잘 하면서 좋아하는 일에 집중하게 된다. 다른 사람을 돕고 가치를 전파해서 세상에 긍정적인 영향을 미치는 방법은 단 한 가지다. 자신 안에 내재한 보석을 발견하고 연마하는 것이다. 여행, 운동, 봉사, 사업 등 여러 분야에서 각자는 재능을 발휘할 가능성의 씨앗을 가지고 있다. 그런데 두려움에 사로잡혀 아무것도 하지 못하거나 많은 것을 포기한다면 백발노인이 되었을 때 회한의 한숨을 내쉬게 될 것이다. 자신이 누구인지, 무엇을 좋아하고 잘하는지에 대한 정답을 찾지도 못한 채 말이다.

인생은 짧다. 40대가 된 형님, 누님들은 "나는 여전히 30대 같은데 40대가 됐다는 게 믿기지 않는다"는 말을 자주 한다. 나 역시 아직도 스스로를 소년이라 생각하는데 이미 30대 중반이다. 언제 가는지도 모르게 시간은 흘러가 버린다. 손가락 사이로 빠져나가는 바람결 같이 느낄 수만 있을 뿐 붙들 수는 없다.

두려움을 극복하고 자신이 진짜 원하는 삶에 도전해야 한다. 그리고 그 도전들 안에서 매 순간 즐길 수 있어야 한다. 즐기는 사람은 누구도 당해낼 수 없다. 왜냐하면 열정과 열망 속엔 두려움이 끼어들 틈이 없기 때문이며, 어떤 고통과 시련도 이겨낼 각오가 되어 있기 때문이다.

즐긴다는 것은 '나를 던진다'라고 표현해도 무방하다. 내가 원하는 것을 이루기 위해 거쳐야만 하는 과정과 고통에 스스로를 내던지고, 힘이 들 땐 만면에 미소를 지으며 미친 사람처럼 즐기는 것이다. 나는 책 쓰기를 배우는 과정에서 매 순간 두려움과 싸워야 했다. '내가 책을 쓸 수 있을까?'라는 의구심이 계속 떠올라 마음속에서 수시로 전쟁이 일어났다. 책 쓰기를 계속해서 궁극적으로 개인 저서 출간의 꿈을 이룰 것인가, 아니면 지금까지 잘 버텼다고 스스로를 위로하며 그만둘 것인가를 두고 갈등이 끊이지 않았다. 그럴 때마다 두려움을 극복하고자 나는 매 순간을 즐겼다. 책을 쓰기 위해 하나하나 배워가는 그 과정을 온전히 내 삶 속으로 끌어들여 몸에 기록했다. 나를 사랑하기 위해 시작한 일이었기에 포기할 수 없었고, 될 때까지 하자고 결심했으며, 매 순간을 즐기고 사랑했다.

과거의 나도 두려움에 쉽게 굴복하는 사람이었다. 그런데 여자친구와 헤어지고 나서 깨달았다. 두려움에 지면, 내 마음 안의 전쟁에서 패배하면 그토록 소중했던 사람 하나도 지키지 못한다는 것. 그 사실을 뼈저리게 느끼고 오랜 시간 마음이 아팠다.

삶을 즐겨야 한다. 두려움에 한 번 지고 나면 두 번, 세 번 지는 건 쉬운 일이 될 뿐 아니라 습관이 된다. 목숨을 걸고 지켜야 할 사람과 꿈이 있다면 두려움보다 큰 사람이 되어야 한다. 두려움 자체도 날 두려워하도록 내가 거인이 되어야 한다. 그리고 두려움과 함께하며 매 순간을 즐겨야 한다. 그럴 때에야 비로소 목표에 다가갈 수 있다는 것을 명심하자.

돈도 즐길 줄 아는 사람을 따른다. 인품의 향기를 내뿜으며 긍정적 영향력을 전파하는 사람들의 공통점은 두려움을 이기고 삶을 즐기는 모습 때문에 사람들이 많이 따른다는 것이다. 돈 또한 마음을 지닌 존재라고 할 때 자신감 넘치며 즐기는 사람을 따르겠는가, 아니면 고개 숙인 채 두려움에 벌벌 떠는 사람을 따르겠는가? 단순하게 생각하면 답은 쉽게 나온다.

무일푼에서 불과 2년 반 만에 백만장자가 된 전 세계인의 부의 멘토, 하브 에커는 《백만장자 시크릿》에서 두려움에도 불구하고 행동을 시작하라고 말한다. 그의 충고를 마음에 새겨보자.

> 두려움, 의심, 걱정이 가장 큰 장애물이다. 성공과 행복으로 가는 길에도 걸림돌이 된다. 부자와 가난한 사람의 차이는 부자가 두려움에도 불구하고 행동을 시작하는 반면에 가난한 사람들은 두려움 때문에 행동하지 못한다는 데 있다.

04

돈 없이도 행복할 수 있다고 자신을 속이지 않는다

"우리 크리스마스 선물은 잠시 보류하기로 합시다. 선물로 쓰기에는 너무나 훌륭해. 나는 당신의 머리빗을 사느라고 시계를 팔아버렸어요. 자, 크리스마스나 축하합시다."

오 헨리의 단편소설 〈크리스마스 선물〉에서 시곗줄을 채워주겠다는 아내 델라를 향해 남편 짐이 깍지 낀 손을 뒤통수에 고이고 빙그레 웃으며 하는 말이다. 서로를 너무나 사랑하는 부부는 매우 가난했다. 델라가 가진 전 재산은 1달러 87센트와 황금빛으로 너울거리는 머리칼이었다. 짐은 할아버지와 아버지로부터 물려받은 금시계가 전부였다. 크리스마스 선물로 델라는 금빛 머리채를 잘라서 짐에게 시곗줄을 마련했고, 짐은 금시계를 팔아 델라에게 줄 머리빗을 샀다. 서로에 대한 사랑을 표현하고자 그들은 자신의 보물을 팔았다. 진짜 사랑한다면 이들처럼 서로에게 사랑을 표현해야 한다.

우리 아버지는 돈을 벌기 위해 30대에 고향을 떠나왔고 60대가 되어서야 고향으로 돌아가 과수원을 가꾸고 계신다. 부모님은 자녀교육에 투자를 아끼지 않으셨다. 특히 아버지는 자신의 중년을 다 바쳐 일요일도 반납하고 특근으로 몸을 혹사하셨다. 이로써 아들인 나는 대학교 4년을 다니며 중국 어학연수 1년을 다녀오고 무사히 졸업할 수 있었다. 아버지는 근 20년 내내 열두 시간씩 주야 교대근무를 하셨다. 특히 밤 근무를 하고 오신 다음 날 아침에는 생활 리듬이 깨져서 잠들 수가 없었기 때문에 습관적으로 소주를 드시고 주무셨다. 그렇게 아버지는 자식의 뒷바라지를 위해 온전히 자신의 인생 20년을 희생하셨다.

나는 가끔 만약 아버지의 희생이 없었다면 오늘의 내가 있었을까 하는 생각이 든다. 물론 하고 싶던 공부였다면 스스로 돈을 벌어서라도 어떻게든 해냈겠지만 중요한 건 무언가를 얻기 위해선 희생을 해야 한다는 점이다. 아버지는 자신의 시간을 돈으로 바꾸는 희생을 선택했는데 오로지 가족의 안녕과 자녀교육을 위해서였다. 아버지는 "사람은 교육을 받아야 하고, 이왕 받을 교육이라면 서울에서 공부해야 한다"고 입버릇처럼 말씀하셨다. 오늘의 나는 아버지의 희생이 없었다면 존재하지 않았을 것이다. 아버지는 내색하지 않고 묵묵히 자신의 사랑을 표현해오신 것이다.

나의 기억 속에는 빛바랜 사진 한 장이 액자 속에 갇혀 있다. 이제는 흐려져서 흑백사진이 된 기억들이다. 과거에 사귀었던 여자친구에게 뭐 하나 속 시원히 사주지 못한 옹졸했던 나. 이별하고 나서야 가슴이 시려왔다. 늘 먼저 받고 나서야 그에 걸맞은 뭔가를 선물했고, 받기 전에 선뜻 선물을 해준 적은 거의 없었다. 워낙에 가진 게 별로 없던 사회 초년병 시절이었던 데다 모은 돈마저 문을 걸어 잠그고 잘 지켜야 한다고 생각했기 때문이다.

비단 그녀뿐만 아니라 친구, 지인, 가족에게도 인색하게 굴었다. 그때는 서로 사랑한다는 사실만 알고 있으면 된다고 생각했을 뿐, 사랑도 표현해야 한다는 것을 미처 알지 못했다. 내게 소중한 사람들은 늘 곁에 머물러 있는 붙박이 같은 존재라고만 여겼다. 주위 사람들이 점점 멀어지고 나 혼자 남아 외로워하며 슬픔에 잠겼을 때에야 비로소 사랑만큼 표현하는 게 중요한 일이 없음을 가슴 아프게 깨달았다.

진정 사랑하는 사람에게는 그 사랑을 표현해야만 한다. 상대방이 좋아하는 것이 무엇인지 눈여겨보았다가 작은 선물이라도 건넬 때 그 기쁨은 말할 수 없이 크다. 소중한 사람이 무엇을 좋아하는지 알면서 모른 척하면 언젠가 두 사람 모두에게 상처로 남는다. 사랑은 조건 없이 주는 것이라고 했다.

가난하면 무엇보다 가족과 소중한 사람들에게 사랑을 제대로 표현할 수가 없다. 마음 또한 가난하여 무엇을 하고 어떤 물건을 사더라도 당장 필요한 것만 선택할 수밖에 없기 때문이다. 이런 사람들의 특징은 부자가 되기 위한 노력을 게을리하면서 돈을 홀대한다는 것이다. 그러면서 돈 없이도 행복할 수 있다고 스스로를 속인다.

"쾅! 쾅! 쾅!"

안에서 잠긴 화장실 문을 밖에서 누군가 세게 두드린다. 크리스 가드너는 아들인 크리스토퍼가 제대로 잠을 잘 수 있도록 귀를 막아주고 불안에 떨면서 아무 소리도 낼 수가 없다. 살던 집에서 쫓겨난 크리스와 아들은 길거리를 헤매다가 지하철 화장실에서 하룻밤을 보낸다. 그는 화장실 바닥에 주저앉은 채 문이 열리지 않기를 바라며 이를 꽉 물고 눈물을 흘린다. 1980년대 미국 샌프란시스코를 배경으로 윌 스미스와 그의 아들 제이든 스미스가 주연한 영화 〈행복을 찾아서〉의 한 장면이다. 아직도 뜨겁게 흘러내리던 그의 눈물과 꽉 다문 입이 기억난다.

극한의 가난 속에서도 크리스는 아들에게 다음과 같이 말하며 힘을 북돋아 준다. "누구도 너에게 '넌 할 수 없어'라고 말하게끔 하지 마. 그게 나라도 말이야, 알겠지? 꿈이 있다면 그걸 지켜야

해. 다른 사람들은 자신들이 할 수 없는 걸 너도 할 수 없다고 할 테니까. 원하는 게 있다면 쟁취해. 반드시!"

가난에서 벗어나 페라리를 몰 수 있을 정도로 성공적인 주식중개인이 되기 위해 그는 도전을 한다. 이후 수많은 역경과 시련이 닥치지만 그는 섬광같이 짧은 순간들을 행복이라 부르며 성공을 향한 도전을 끊임없이 이어나간다. 화장실에서 울음을 삼켜야 했을 때도, 홀로 옥상에서 농구를 하던 아들에게 꿈을 향하라고 말할 때도 크리스는 아들에 대한 사랑을 잊지 않았다. 그는 주식중개인이 되어 성공을 향해 행복을 찾기 위해 나아갔다.

이 영화는 가난에서 떠나 꿈을 찾아가는 과정 자체가 행복이라는 메시지를 던져준다. 아들을 사랑하고 자신을 사랑하고 순간의 소중함을 알기 때문에 행복을 느낄 수 있는 것이다. 영화는 그 반대의 측면도 보여준다. 그가 가난만 탓하고 있을 때는 해가 져도 갈 데가 없었다. 사랑하는 사람을 지키지 못해 한없이 가슴이 아플 수도 있다는 것을 크리스가 영화를 통해 보여줬다. 행복을 추구하기 위해, 사람답게 살기 위해 돈이 필요하다는 것을 간과해서는 안 된다.

발전소에서는 석유, 석탄, 천연가스 등의 연료를 태워 만든 열에너지를 운동에너지로 전환하여 전기를 생산한다. 우리 마음속 행복 역시 발전소에서처럼 희망과 꿈이라는 에너지를 전환하여 발생하는 감정이다. 그렇다면 희망과 꿈이라는 에너지는 어떻게 생성될까? 바로 욕망이다. 현재보다 나아지려는 욕망은 나뿐만 아니라 소중한 사람을 향한 사랑을 표현하고 싶은 마음이고, 이때 돈은 필요조건이 된다. 그래서 행복을 추구할 때 여러 가지 목표 중에 '부유해지는 것'을 빼놓을 수가 없다.

동료들과 성에 관한 이야기를 할 때 대부분은 솔직하지 못하다. 성에 대한 이야기는 금기이고 보호해야 하는 사생활이라고 여기기 때문에 자세하게 털어놓지 않는다. 그래서 때로는 헤어지고 나서 기억을 더듬어보며 그가 숨기는 이야기가 무엇일지를 추리하느라 음흉한 상상을 하기도 한다. 솔직히 말했다면 이야기 자체가 구체적이기 때문에 이런 상상을 할 필요가 없다. 솔직해져야 한다. 돈 없이도 행복할 수 있다고 스스로를 속이지 말아야 한다. 솔직하면 텅 빈 마음 그릇을 가난 대신 부유함으로 채울 수 있다. 거짓말을 하면 마음속 공간을 채우기 위해 가난이 스며든다.

더는 '돈은 중요하지 않다'고 스스로에게 거짓말하지 말자. 뉴스에 나오는 대부분 사건의 핵심은 돈과 관련되어 있다. 학교에 다닐 때도, 결혼을 하려 해도, 장례를 치르려 해도 돈이 필요하다. 돈은 이처럼 삶의 곳곳에서 무언가 역할을 하며, 관련되지 않은 곳이 없다. 그럼에도 돈을 하찮게 여기고 돈이 필요 없다고 말하는 것은 스스로를 속이는 것이다.

물론 돈이 곧 행복이라는 등식은 성립하지 않을지도 모른다. 그래도 의식주를 갖추고 기본적인 생활을 하기 위해서는 경제적 뒷받침이 되어야 한다는 것을 부정할 수 없다. 의식주가 갖추어진 상황에서도 한 단계 더 나아가기 위해서는 돈과 떼려야 뗄 수 없는 일들이 계속 발생한다. 혼자 몸이라면 결핍의 고통을 감내할 수 있겠지만 소중한 사람들까지 고통스럽게 해선 안 된다. 이 사실을 가슴에 새기고, 돈이 더 행복한 인생을 누리게 해준다는 사실을 인정해야 한다. 절대 돈 없이도 행복할 수 있다고 스스로를 속이는 사람이 되지 말자.

05

부자체험으로 미리 부자 되기

"이젠 비행기 안 탈란다."

2006년 여름, 중국 베이징에서의 어학연수를 마치고 인천으로 오는 비행기를 타고 나서 내린 결론이다. 난기류를 만나 위아래로 흔들거리는 비행기를 타는 게 때로는 자유낙하를 하는 듯 너무나 무서웠기 때문이다. 매번 흔들릴 때마다 온갖 상상을 하며 식은땀을 흘린 두 시간이 내게는 무척이나 길게 느껴졌다. 중국에 갈 때는 비행기 대신 배를 타야겠다고 생각했다.

그런데 2014년이 되어 그 생각이 변했다. 남아시아로 출장을 가며 난생처음 편도로만 열 시간 넘게 비행기를 탔다. 비행기가 갑자기 이륙하여 몸이 뒤로 젖히거나 착륙할 때 의자 밑으로부터 충격이 느껴져도 고속버스를 타는 것만 같았다. 한 번 장거리 비행을 체험하고 나니 모든 게 익숙해진 것이다. 낯설기만 하고 타는 것조차 무서웠던 비행기가 이젠 매우 편한 교통수단이 됐다. 무엇이든 이렇게 체험하고 나면 느낌마저 자연스러워진다는 사실을 깨달았다.

죠치 대학교 명예교수이자 문학박사이며 영어학자인 오시마 준이치의《커피 한 잔의 명상으로 10억을 번 사람들》에서는 바라는 것을 직접 만져보라고 한다. 그는 책에서 조셉 머피 박사의 강연을 듣기 위해 세 번씩이나 버스를 갈아타야 했던 어느 젊은 부인의 사례를 소개했다. 그녀는 한 청년이 생생하게 상상을 하여 기적적으로 갖고 싶던 차를 얻게 됐다는 이야기를 머피 박사로부터 들었다. 그녀도 그대로 따라 해보겠다고 결심하고 캐딜락 전시장에 가서 차를 시승한 뒤 이미 자신의 차가 된 느낌을 잠재의식 속에 새겼다. 그 후 우연히도 그녀의 백부가 세상을 떠나며 캐딜락과 부동산 전부를 유산으로 남겼고 그녀는 이제 캐딜락을 타고 강연에 왔다.

내가 만나본 몇몇 부자가 공통으로 했던 말 중에 하나는 차를 사고 싶다면 먼저 자신이 가장 타고 싶은 차를 파는 매장에 가서 직접 시승을 해보라는 것이었다. 사실 나는 그 말뜻이 무엇인지 잘 몰랐다. 사진만 봐도 가슴이 뛸 텐데 괜히 번거롭게 그럴 필요가 있을지 의문이었다. 그러다가 내게도 실천할 계기가 찾아왔다. 나의 버킷리스트 가운데 하나는 '랜드로버 디스커버리4를 타고 제주도 여행하기'다. 버킷리스트를 글로 쓰고 상상하면서 도저히 이 차를 타보지 않고는 견딜 수가 없어 드디어 혼자 랜드로버 매장에 방문했다.

대전 동쪽에 있는 랜드로버 매장을 방문한 날은 2014년 봄 어느 일요일이었다. 회사도 안 가는 쉬는 날에 나는 참 어색하게도 정장을 차려입고 머리에 젤을 바른 다음 집을 나섰다. 재킷까지 입어서 좀 더웠고 혼자라 더 어색했다. 그러나 버킷리스트를 이뤄야 한다는 목표의식을 가지고 2층짜리 건물로 당당히 들어갔다. 1층엔 재규어가 전시돼 있고 2층엔 랜드로버가 옆으로 줄지어 있었다. 올 뉴 레인지로버, 레인지로버 스포츠, 레인지로버 이보크, 디스커버리4 등을 차례차례 직접 타보고 사진도 찍고 비교를 했다. 가장 고가의 차에 탔다 내렸다 하면서 비싼 차가 최고일 거란 생각이 바뀌었다. 고3 신체검사 때 앉은키가 반에서 2등 했던 내게 천장이 낮은 차는 갑갑한 느낌을 줬다. 분명 SUV이기 때문에 올 뉴레인지로버의 천장이 비교적 높았을 테지만 디스커버리4에 비하면 낮고 좁게 느껴졌다.

디스커버리4는 쾌적할 정도로 실내공간이 넓어서 마음에 쏙 들었다. 뒤 트렁크 문도 일자가 아닌 계단 모양이어서 더욱 예뻐 보였다. 매장에 들러서 직접 차를 타보지 않았다면 절대로 알 수 없었을 것들을 체험을 통해 깨달았다. 차도 사람과 궁합이 맞는지 직접 타봐야 한다는 것을 그때 처음 알았다.

무엇이든 직접 겪어보는 것이 가장 빨리 배우는 길이다. 부자가 되고 싶다면 그들의 라이프스타일을 직접 경험해보는 것이 부자가 되는 데 도움이 된다. 언뜻 보기에도 호화로운 호텔 커피숍에 앉아 여유롭게 커피를 마시는 건 어떨까. 공인회계사로 근무하며 '돈 좀 모은다는 최고의 부자들'을 만나온 히라바야시 료코는《돈 좀 모아본 사람들의 영수증 정리법》에서 호텔 커피 가격이 합리적인 이유에 대해 다음과 같이 말하고 있다.

"느긋이 시간을 보내고 싶은 날이나 한가한 날에 호텔 라운지에서 차를 마시는 것은 의외로 합리적인 행동인 셈입니다. 그래서 저도 몇 잔이고 리필이 가능한 시내의 호텔 라운지를 자주 이용하고 있습니다. 조용한 데다 공간도 넉넉해서 다른 사람에게는 알려주고 싶지 않을 정도로 아끼는 장소 중 하나입니다. 조금 사치를 부려보면 '세상에 이런 곳도 있구나. 내가 가던 곳과는 비교도 안 되네'라고 느끼게 될지도 모릅니다. 다양한 상품과 서비스에 관한 정보를 손에 넣다 보면 자연히 가치관이 정립됩니다."

어떤 지인은 호텔 커피숍에 가서 커피를 시켜놓고 테이블에 책을 쌓아놓은 채 여유를 즐기며 독서를 해보라고 추천했다. 아직해보지는 않았지만 어떤 느낌일지 짐작이 간다. 이렇듯 마냥 고가라고만 여겼던 서비스가 알고 보면 가격이 합리적임을 깨닫게 된다. 고가라는 이미지 안에는 커피 한 잔만이 아닌 여유가 녹아 있기 때문이다. 그 여유로움을 체험해본다면 일상적으로 누릴 방법을 찾을 것이고, 이는 곧 부자가 되는 방법을 찾고 실천하는 길이 될 것이다.

책이 출간되면 저서에 사인할 일이 꼭 한 번이라도 생기기 때문에 최고의 가치를 담은 사인을 하기 위해 만년필을 준비했다. 작가라면 독자에게 가장 좋은 것만 줘야 한다는 조언에 따른 것이다. 망설임 없이 당장 거금을 들여 몽블랑 만년필 '마이스터스튁'을 구매했다. 사인도 사인 전문 제작업체에 돈을 주고 만들어서 만년필로 여러 번 연습했다. 사인이 익숙해질 즈음 드디어 기회가 왔다. 몽블랑 만년필로 사인을 하니 "와, 글씨 잘 쓰시네요!", "사인 멋져요!"라는 감탄사 속에 사람들이 만년필에 시선을 두는 게 느껴졌다.

명품 몽블랑 만년필은 하나의 펜이 완성되기까지 6주 이상의 긴 시간 동안 350가지의 공정을 거쳐야 한다. 이 펜을 들고 글씨를 쓰면 종이 위를 스치듯 잉크를 묻히고 지나가는 것이 느껴진다. 그 소리와 느낌이 여느 펜을 쓸 때는 절대 맛볼 수 없는 그런 것이다. 종이에 닿는 감촉이 매우 좋아서 사인할 때뿐만 아니라 일기를 쓸 때도 몽블랑 만년필을 쓰고 있다. 만년필을 구매하지 않았다면 명품 만년필의 고유하고 고급스러운 그 느낌을 경험하지 못한 채 무엇이 좋은지도 모르고 살았을 것이다.

한 달에 한 번은 부자체험을 해보자. 초호화 레스토랑에 가서 부유한 삶이 어떤 것인지 체험하고 부자들은 어떻게 행동하며 생각하는지 관찰해봐야 한다. 부자가 되고 싶다는 욕망이 점점 커질 것이다. 부자들이 쓰는 물건을 무리해서라도 하나쯤은 마련하자. 그리고 명품이 갖는 그 고유한 느낌에 익숙해져야 한다. 차이를 알고 선택하는 것과 이도 저도 모른 채 관성에 이끌려 사는 것은 천지 차이다.

헬렌 켈러는 "안전은 환상일 뿐이다. 삶은 과감한 모험이거나 아무것도 아닌 둘 중 하나다"라고 했다. 안정만을 추구하며 살아왔던 대로 살면 발전이 없다. 아니, 오히려 퇴보한다. 그러니 부를 끌어당기고 싶다면 부자체험을 통해 이미 부자가 된 상태를 온몸으로 느껴보고 부자가 되어 있는 미래를 현실로 끊임없이 끌어오자. 간절히 바라는 만큼 눈앞에 나타날 것이다.

06

저축한 다음에는 투자하라

"저축하고 투자하라. 그리고 또 저축하고 투자하라."

'투자의 귀재' 워런 버핏이 밝힌 부자 되는 비결이다. 우리는 어려서부터 저축하라는 조언을 들으며 살아왔다. 하지만 저축 후 무엇을 할지에 대해선 배우지 못했다. 단지 초등학생 시절 저축통장을 만들고 주기적으로 저축을 했던 기억이 남아 있을 뿐이다. 저축을 할 땐 목적이 있어야 한다. 무작정 모은 돈은 어디로든 새어 나가기 쉽다.

어린 시절 붉은색 돼지저금통은 저축의 상징이었다. 한 푼 두 푼 알뜰하게 용돈을 모아서 비닐봉지에 동전을 가득 담아 새마을금고에 가서 저축통장을 만들고 예금을 했던 기억이 난다. 초등학생으로서 동전 하나까지 챙겨서 저축을 하는 나 자신이 매우 자랑스러웠다. 하지만 그 시절 중요한 건 전혀 알지 못한 상태였다. 저축은 투자로 이어져야 한다. 어떤 기회가 왔을 때 투자의 타이밍을 놓치지 않기 위해선 평소에 저축을 습관화하여 수중에 종잣돈을 쥐고 있어야 한다.

2012년 4월 2일은 두 번째 직장에 취업한 역사적인 날이다. 그 날 이후로 내 인생은 새로운 저축흐름을 형성했다. 서울에서 첫 직장에 다녔을 때는 주거비를 내가 모두 부담해야 했지만 지금의 직장에선 숙소를 제공해줬다. 그래서 수도료, 전기료 등만 지출될 뿐 주거비가 거의 들지 않았다. 게다가 직장이 있는 대전이 서울에 비해 물가가 싸서 기본 생활비가 더 적게 들었다. 수입의 50% 이상을 저축하는 일이 매우 쉬워졌고 실제로 수입의 절반을 초과해서 저축했다. 그 덕에 입사한 지 만 1년 반이 되었을 때 3,000만 원 가까운 돈을 모으게 됐다.

그렇게 자산이 늘어가던 때 인생의 전환점이 찾아왔다. 내가 진정으로 원하던 책 쓰기를 할 기회가 찾아온 것이다. 책 쓰기를 '필생의 업'으로 삼고 있었는데, 책 쓰기도 기술이어서 이를 배우면 단기간에 개인 저서를 펴낼 수 있다고 했다. 책 한 권 내는 데 10년이 걸릴 수도 있다고 생각했는데 생각보다 엄청나게 이른 시일 안에 개인 저서를 가질 수 있다는 것을 알고 나서 한참을 망설였다. 여태껏 자기계발 강좌에 투자해본 적이 없었기 때문에 그동안 옳다고 믿어왔던 고정관념을 버려야 했다. 그리고 책 쓰기를 배우는 데 나의 시간과 정열을 아낌없이 쏟았다.

나마저도 기억 못 할 정도로 오래전인 스무 살 때부터 책을 쓰고 싶다던 열망을 품었는데, 그 열망을 서른세 살의 끄트머리에서 실현할 수 있었다. 그렇게 나는 삶의 모든 것을 변화시키는 시작점에 서게 된 것이다. 나를 통째로 변화시킬 기회를 포착하고 투자를 했다. 그리고 8개월이 흐른 현재 이미 공저 세 권을 출간했다. 지금 쓰는 이 책은 나의 첫 번째 개인 저서로 출간 후 지식과 경험을 사람들에게 나누는 메신저로서의 삶을 살게 해줄 것이다.

저축은 투자를 위해서 하는 것이다. 저금리, 제로금리 등 이제 금리만으로 자산을 지키기는 어려운 시대다. 물가상승률이 금리보다 높으면 금리가 마이너스나 마찬가지인데 점점 우리 경제는 마이너스 금리를 향해 나아가고 있다. 그렇다면 일단 저축을 해서 종잣돈을 마련하고, 투자를 해서 더 높은 수익률을 얻는 다음 단계가 필요하다.

민충환의 《박완서 소설어사전》에 따르면 종잣돈의 의미는 '무엇을 도모하는 데에 씨앗이 되어 기초가 되는 돈'이다. 농부에게 종자는 매우 소중하다. 다음 해의 농사를 위해 꼭 필요하기 때문이다. 그래서 겨울이 닥쳐 아무리 배를 곯아도 종자는 먹어치우지 않는다. 그랬다가는 다음 해에 씨를 뿌릴 수 없다. 농작물을 수확하려면 반드시 씨를 뿌려야 한다. 종잣돈을 모으는 데에도 이 원칙이 적용된다. 현재의 욕망을 채우기 위해 돈을 다 써버릴 것인지, 아니면 투자를 위해 저축해서 종잣돈을 모을 것인지 선택해야 한다.

종잣돈이란 일종의 자본금이다. 자본을 투하했을 때에만 수익을 얻을 수 있다. 물론 돈이라는 자본 없이 몸을 써서 수익을 얻는 경우도 있지만, 인적자본도 자본에 속하기 때문에 투자 없이는 수익도 없다고 봐야 한다. 수입이 생겼으면 더 큰 수익을 얻기 위해 저축을 해야 한다. 그리고 그 돈으로 투자를 하든 아니면 자기계발을 통해 인적 자본을 키우든, 다음 수익을 창출하기 위한 길을 미리 닦아놓아야 한다.

우리말로 검약을 뜻하는 영어단어 'Thrift'는 영영사전에서 '돈 씀씀이에 꼼꼼하고 낭비하지 않는 자질과 습관'이라고 정의된다. 이는 '시간이나 재물 따위를 헛되이 헤프게 씀'이라는 뜻의 '낭비'와 달리 물건을 소중하게 쓴다는 느낌을 전해준다. 시간, 돈, 기회를 꽉 움켜쥐면 자신이 가진 자원을 아껴서 한곳에 집중할 수 있기 때문에 낭비되어 흩어질 때보다 훨씬 쉽게 번창하고 발전할 수 있다.

저축 그 자체는 기회를 잡기 위한 준비 행위다. 물론 대부분의 부자가 저축을 습관화했기 때문에 부자가 된 것도 사실이다. 돈을 모으는 데 저축이 가지는 중요성은 매우 크다. 하지만 간과하지 말아야 할 것은 저축을 통해 다가온 기회를 과감하게 잡을 수 있는 힘을 길러야 한다는 것이다.

수입의 50%를 저축한다면 종잣돈을 마련하기는 아주 쉬워진다. 예로 월 급여가 200만 원이라고 가정했을 때 수입의 절반을 저축하면 매년 최소 1,200만 원을 모을 수 있다. 단순계산으로 2년이면 2,400만 원인데 임금 인상분과 성과급 등까지 고려하면 훨씬 더 큰 금액을 저축할 수 있다. 이렇게 모은 돈은 투자를 위해 써야 한다. 금액이 적다면 가장 수익률이 높은 자기계발을 선택해야 한다. 인적자본에 대한 투자는 수익이 바로 창출되지는 않는다. 그렇지만 한 번 투자하고 나면 그 효과가 평생 가며, 어떤 노력을 기울이느냐에 따라 수익률은 무한대까지 늘어날 수 있다.

현재 나는 그동안 모아왔던 자금을 투자해서 책 쓰기를 통해 자기계발을 하고 있다. 지금으로써는 통장 잔고가 과거에 비할 바 아니지만 이미 내 안에 쌓인 자본은 어마어마하다는 것을 스스로 알고 있다. 다른 사람 눈에 보이지 않을 뿐 엄청난 재능이 계발되고 있다는 걸 매 순간 체감하고 있다.

인생의 판을 바꾸고 싶다고 간절히 원했을 때, 그리고 50% 이상의 저축으로 자금을 모았을 때 기회가 내게 왔고 나는 그 기회를 꽉 붙들었다. 이 기회가 지나가고 나면 다시는 오지 않을 것이다. 그뿐 아니라 놓치고 나면 평생 후회 속에 살 것임을 직감으로 알 수 있었다. 그만큼 나는 간절했다. 마지막으로 그리스 신화에 등장하는 제우스의 막내아들이자 '기회'의 신인 카이로스에 대한 이야기를 읽어보자.

"앞머리가 무성한 이유는 사람들로 하여금 내가 누구인지 금방 알아차리지 못하게 하고 나를 발견했을 때 쉽게 붙잡을 수 있도록 하기 위함이고, 뒷머리가 대머리인 이유는 내가 지나가고 나면 다시는 나를 붙잡지 못하도록 하기 위함이며, 발에 날개가 달린 이유는 최대한 빨리 사라지기 위해서이다. 저울을 들고 있는 이유는 기회가 앞에 있을 때 저울을 꺼내 정확히 판단하라는 의미이며, 날카로운 칼을 들고 있는 이유는 칼같이 결단하라는 의미이다. 나의 이름은 '기회'이다."

07

한 가지 일에서 최고가 된다

'불휘 기픈 남간 바라매 아니 뮐쌔 곶 됴코 여름 하나니, 새미 기픈 므른 가마래 아니 그츨쌔 내히 이러 바라래 가나니.'

용비어천가 2장의 한 구절이다. 1만 원권 앞면의 세종대왕 초상 왼쪽에 세로로 쓰인 문구이기도 하다. 1만 원권에 자외선을 비추면 위의 용비어천가 구절과 조선시대 임금의 배후병풍으로 쓰였던 〈일월오봉도(日月五峰圖)〉가 녹색의 빛을 발한다. 형광물질 덕분에 자외선램프만 있으면 1만 원권의 위조 여부를 알 수 있다. 우리가 사용하는 지폐에는 이처럼 위조방지를 위해 여러 가지 보안요소가 들어 있다.

2009년 6월은 우리나라 최초로 고액권인 5만 원권이 발행된 때다. 〈세계일보〉 2009년 2월 25일 자 '신사임당 초상 5만 원권 첫선'이란 기사를 통해 5만 원권에 도입된, 대폭 강화된 위조방지 기능을 살펴보자.

> 일반인들이 위조를 구분하도록 띠 홀로그램과 입체형 부분노출 은선이 새롭게 적용됐으며 색 변환 잉크와 숫자를 숨기는 볼록인쇄 기법 등의 기능이 강화됐다. 왼쪽 끝 부분에 특수필름으로 부착된 띠형 홀로그램은 보는 각도에 따라 색상이 변하는 태극, 우리나라 지도, 4괘의 무늬가 상 · 중 · 하 3곳에 배치됐고 무늬 사이에는 숫자 '50000'이 들어가 있다. 입체형 부분노출 은선은 청회색 특수필름 띠에 여러 개의 태극무늬가 새겨져 지폐를 상하로 움직이면 좌우로, 좌우로 움직이면 상하로 움직이는 것처럼 보인다. 전문가들을 위한 위조방지 장치로 자외선이나 X선을 비추면 녹색 형광 색상이 드러나는 형광 잉크 등이 사용됐다.

그냥 기사만 읽었을 때는 무슨 말인지 좀처럼 이해가 되지 않지만 옆에 5만 원권을 두고 보면 이해가 쏙쏙 된다. 가령 '은선'은 숨은 선이란 뜻으로 은행권이 2겹의 종이로 되어 있어 그 사이에 끼워 넣은 선이다. 종이 사이에 파묻혀서 겉으로 드러나지 않는 것이면 '은폐은선', 점선 모양으로 부분적으로 드러나면 '부분노출은선'이라 부른다. 특히 5만 원권에는 입체형 부분노출 은선이 도입됐는데 이는 모션은선이라고도 불린다. 모션, 즉 움직임에 따라

은선에 새겨진 모양이 움직이는 것처럼 보이기 때문에 붙여진 이름이다. 이처럼 지폐 한 장에도 자세히 살펴보지 않으면 알아채지 못할 위조방지 기능이 적지 않게 적용되어 있다.

돈을 좋아하고 모으고 싶다면 돈에 대해 공부를 해야 한다. 돈 자체에 대해서만 공부를 하라는 의미는 아니다. 왜 5만 원권에 저렇게나 많은 위조방지 기능이 적용됐고, 5만 원권 발행 이후 은행권 발행량이 얼마나 줄었으며 그 원인은 어디에 있는지도 봐야 한다. 〈머니투데이〉 이상배 기자가 쓴 2014년 8월 30일 자 '음지로 숨어든 5만 원권, 양지로 끌어낸다'라는 기사를 읽어보자.

> 한국은행에 따르면 올 상반기 5만 원권 환수율은 28.1%로 지난해 같은 기간(54.5%)에 비해 절반 수준으로 떨어졌다. 환수율은 특정 화폐가 해당 기간 은행으로 환수된 금액을 같은 기간 발행된 금액으로 나눈 것이다. 상반기 중 5만 원권이 10장 발행되는 동안 3장만 은행으로 환수됐다는 뜻이다. 나머지는 이 기간 중 단 한 번도 은행을 거치지 않을 정도로 금고나 장롱 등 어딘가에 묶여 있었던 셈이다. 실제로 한 온라인쇼핑몰에서 개인금고의 판매량은 2010년 월평균 550대에서 지난 1~5월 1,500대 수준으로 급증했다.

5만 원권이 시중에 돌아다니지 않는다는 것은 현금과 교환할 만한 자산이 마땅치 않다는 것과 세금을 회피하려는 조짐으로 추정할 수도 있다. 저금리와 부동산 경기침체로 소비와 투자심리가 위축되어 돈이 잘 돌지 않는 것도 한몫한다. 지폐 한 장의 흐름만 봐도 우리나라 경제가 어떤 상황에 처해 있는지를 이해할 수 있다.

과거 다녔던 직장에서 사무실을 둘러보면 누군가는 대놓고 모니터 화면에 주식거래 창을 띄워놓는가 하면, 그나마 양심이 있는 직원은 휴대전화로 주식매매를 하곤 했다. 그들은 마치 일만 해서는 부족하다는 것처럼 근무시간에 부업을 하고 있었다. 그렇게 하여 수익이 발생한 사람도 있었지만 대부분은 원금을 까먹기 일쑤였다. 게다가 근무시간 중간에 차트를 봐야 하기 때문에 업무의 질이 떨어질 수밖에 없었다.

돈을 모으려고 하면서 도리어 시간을 버리고 마이너스를 더하는 행위를 하는 사람들이 종종 있다. 시간은 흘러가면 되돌릴 수 없기 때문에 무엇보다도 귀중한 자산이다. 40대가 되면 30대를 바라보며, 30대는 20대를 바라보며 "젊음이 좋지"라고 말한다. 그만큼 시간을 되돌려 젊었을 때의 그 파릇파릇함으로 싱그러운 삶을 살고 싶다는 욕구는 누구나 가지고 있을 것이다. 하지만 시간은 그저 흘러서 각자의 나잇대가 되었고, 나이가 들수록 같은 시간이라도 더 빨리 지나가는 것처럼 느끼게 된다.

미국의 유명한 강철왕 카네기는 무슨 일을 하든지 1등을 하려고 했다. 열두 살 때 방직공장에서 실 감는 사람으로 취직했을 때는 세계 제일의 실 감는 사람이 되기 위해 노력했다. 그 덕분에 그는 집배원으로 고용될 수 있었다. 그는 또 집배원이 되자 아예 모든 집의 주소를 외웠다. 그래서 빠른 시간에 우편물을 배달할 수 있었다. 어떤 일에서도 일인자가 되기 위해 노력했기 때문에 마침내 세계적인 갑부 강철왕이 될 수 있었다.

한 가지 일에만 전념할 수 있어야 한다. 인생은 결코 한 우물만 파는 사람을 모른 척하지 않는다. 그러나 간혹 한 가지 분야를 넘어 다른 일까지 잘하고 싶은 욕심이 생기기도 한다. 그땐 이렇게 단호하게 "나는 한 가지 일에서 최고가 될 거야!"라고 말해보자. 한 가지 일에서 최고가 된다면 성공은 자연스레 따라온다.

입소문이 난 음식점에 들어서면 주문이 간단하다. 가장 자신 있는 음식 하나로 손님을 끌기 때문이다. 한 가지 음식만 잘해도 먼 길 마다치 않고 사람들이 구름떼같이 찾아온다. 반면 동네에서 흔하게 목격할 수 있는 프랜차이즈 분식집에 들어서면 온갖 메뉴로 가득하다. 무엇을 먹어야 할지 몰라 한참을 고르다 주문했지만, 역시나 맛이 형편없다. 메뉴가 많으면 한 가지 음식에만 정성을 들일 수 없기 때문에 음식 맛이 하향 평준화된다. 입맛을 감동시킬 수 있는 한 가지가 있어야 한다. 이 원칙을 지키는 음식점은 수없이 많은 손님을 끌어오고 오래 살아남을 수 있다.

어떤 일을 하건 선택과 집중의 원칙이 필요하다. 하루 중 이것저것 다 하려다 보니 어느 것 하나 끝마치지 못했던 경험은 누구에게나 있을 것이다. 시간의 폭을 넓혀 가까운 내일에서 먼 미래까지 자신이 가장 잘하고 좋아하는 분야 하나를 정해 거기에 집중해야 한다. 그리고 이 한 분야에선 누구와 겨뤄도 이길 수 있도록 최고가 되어야 한다.

큰 배일수록 방향을 틀 때는 저 멀리에서부터 방향키를 조정해서 방향을 틀어야 한다. 멀리 바라보고 한곳을 향해 나아가되, 영역을 넓히고 싶다면 주력 분야를 토대로 단계적으로 준비해야 한다. 최고가 된 다음에야 곁가지를 뻗을 수 있다. 몸통이 부실한 나무에 가지만 많으면 바람 잘 날 없이 흔들린다. 그러다가 잔가지 하나하나 다 부러지거나 영양분이 분산돼 과실이 부실할 수밖에 없다. 집중하지 못하면 원하는 결과는 나에게서 멀어진다.

평소 돈에 흥미를 가지고 경제 흐름을 읽어야 한다. 돈을 모으고 싶다면 주의를 분산시키는 가짜를 털어내고 돈에만 집중해야 한다. 돈을 이해하고 모을 수 있도록 도와주는 것이 무엇인지 고민하고 공부해야 한다. 한 우물을 판 사람이 전문가로 불리듯이 돈을 연구하는 사람은 부자가 된다. 주식 공부를 하기 전에 돈에 대한 공부를 해야 한다는 것을 기억하자.

08

부자세포를 깨우는 법

"사람은 책을 만들고 책은 사람을 만든다."

교보생명과 교보문고의 창립자 대산(大山) 신용호 선생이 남긴 말이다. 광화문 교보문고를 들를 때면 늘 눈에 띄던 문구인데 언제나 무심코 지나쳤었다. 그러다 직장생활을 시작하고 생존독서를 위해 책을 펴들었을 때에야 그 말뜻을 되새길 수 있었다. 학교와는 전혀 다른 사회라는 전쟁터에서 구식 무기를 든 것처럼 마음이 쪼그라들 때면 마음과 어깨를 펴기 위해 책을 펴들었다. 한 번에 3~5권의 책을 주문해서 단숨에 읽으며 힘을 얻곤 했다. 삶을 긍정적으로 바라볼 수 있도록 도움을 주는 책을 읽으니 정말 힘이 많이 됐다. 이처럼 책은 읽는 사람으로 하여금 긍정적 영향을 받아 변화할 수 있도록 돕는다.

어떤 책을 읽느냐에 따라서 세상을 바라보는 관점과 사고방식이 달라진다. 책 속엔 저자의 인생과 철학이 고스란히 담겨 있기 때문에 책을 읽으며 흡수하게 된다. 그러므로 어떤 책을 보느냐가 매우 중요하다. 책에서 본 내용대로 생각하고 행동하기 때문이다. 시련보다 큰 사람이 되어 시련을 이겨내고 성공을 거머쥐고 싶다면 이미 성공한 사람들의 스토리가 담긴 책을 읽어야 한다. 친한 친구끼리는 필체까지 닮아가는 것처럼 책 속 성공자의 작은 습관까지도 닮아가서 성공의 궤도에 오를 것이다.

마음은 융통성 없는 그릇과 같아서 긍정과 부정이 양립하지 않는다. 긍정이 자리하면 부정이 물러가고 긍정이 비워지면 어김없이 부정이 들어온다. 그래서 끊임없이 긍정적 생각을 해야 긍정적 사고방식을 가질 수 있다. 이는 마치 부를 꾸준히 상상해야 부자가 되는 것과도 같다. 부자가 된 모습을 상상하지 않으면 그 자리엔 가난이 스며든다. 이도 저도 아닌 어중간한 모습도 있다고 착각하겠지만 부유함 아니면 가난함이다. 왜냐하면 어중간한 상태에서도 시간이 흐르면 가난이 마음 그릇을 온통 장악하게 될 것이기 때문이다. 그래서 늘 부유한 자신의 모습을 상상해야 한다.

미국 식품유통시장에 무일푼으로 뛰어들어 시가총액 700억 원이 넘는 기업체를 키워낸 자랑스러운 한국인 김승호. 그는 《김밥 파는 CEO》에서 독서가 상상력의 원천이라고 말했다.

만약, '사업을 하면서 가장 필요한 재능이 무엇인가?' 묻는다면 나는 망설임 없이 '상상력이다'라고 말할 것이다. 상상력은 모든 꿈의 시작이며 현실로 가기 위한 첫 번째 문이다. 모든 현실은 상상으로부터 시작된다. 다행스럽게도 상상에는 제한도 없고 비용도 필요 없다. 단지 상상할 수 있는 자유와 사고만 갖추면 된다. 상상할 수 있다는 것은 인간이 가진 가장 위대한 재능 중 하나다. 인류의 모든 문명과 발전은 누군가의 상상으로부터 시작되었으며, 한 개인의 모든 환경도 결국은 나 스스로의 상상의 잔유물이다. (…) 나는 십대 청소년 무렵에 좋은 상상을 찾아내어 키우는 재능을 받아들였다. 그것은 바로 독서였다. 독서는 내 생각의 균형을 잡아주고 끊임없이 사고하는 버릇을 안겨주었다. 내 사업의 성공은 독서로부터 태어났고 독서로 유지되고 있다.

독서는 상상력을 키워준다. 책을 읽고 있을 때 두뇌가 열리면서 풀리지 않던 문제의 답이 보이고, 평소에는 생각지도 못했던 아이디어가 떠오르는 경험을 한 번씩은 해봤을 것이다. 책을 읽는 동안 좋은 에너지를 얻고 머릿속에 그림을 그리면서 저절로 발생하는 현상이다. 여행기를 읽으면 저자와 함께 여행할 수 있고, 역사서를 읽으면 과거를 경험하게 되고, 성공학 서적을 보면 간접적으로 성공경험을 쌓게 된다. 이는 모두 책을 보며 영화를 보듯 선명하게 상상할 수 있기 때문이다. 상상은 현실을 창조하고 독서는 상상할 수 있도록 돕는다.

부자들 중에 독서를 하지 않는 사람은 거의 없다. 매년 여름휴가 때면 CEO 추천도서가 나올 정도로 성공자들은 늘 책을 가까이한다. 일본의 베스트셀러 작가 센다 다쿠야의 《자유로운 인생을 위한 어른의 공부법》을 보면 책을 많이 사는 사람 중에 가난한 사람이 없음을 알 수 있다.

> 예전부터 이상하게 생각되었던 일 중 하나는, 부자가 될 기미를 보이는 사람들은 하나같이 책을 많이 산다는 점이었다. 처음에는 돈이 많으니까 책을 많이 살 수도 있는 거라고 여겼다. 하지만 이 생각은 틀렸다. 부자들은 돈이 많아서 책을 사는 게 아니었다. 그들은 별 볼 일 없고 가난했던 시절부터 없는 돈을 털어 책을 사서 공부를 했던 것이다. 그런 마음가짐이라면 책에 얼마든지 돈을 투자하게 된다. 박봉에 시달려도 의식주 중에 무언가를 절약해서 그 돈으로 책을 산다. (…) 그들은 이렇게 해서 매일 한 권의 책을 살 수 있었다. 하루에 한 권이면 1년에 300권, 5년에 1,500권이다. 잘 상상이 가지 않을지 모르겠는데, 책 1,500권의 정보량은 실로 엄청나다. 이 정보량의 차이가 책을 읽는 사람과 읽지 않는 사람의 차이다. 그 차이는 실력으로 드러난다.

'투자의 신'으로 불리는 워런 버핏은 어릴 때부터 책과 신문을 가까이했다. 그래서 붙여진 별명이 '책벌레'였다. 그는 열한 살에 주식투자를 하면서 경제신문을 읽었고, 경제용어를 알기 위해 책을 뒤졌다. 이 습관은 대학교까지 이어져 강의보다는 책을 통해 스스로 의문을 풀었다. 워낙 독서량이 방대해서 시험공부 걱정은 하지 않았을 정도라고 한다. 그는 버크셔 해서웨이 회장이 된 지금도 책과 신문을 늘 가까이하고 있다.

'컴퓨터 황제' 빌 게이츠도 책벌레라는 별명을 가지고 있다. 2013년 11월 4일 블룸버그 선정 세계 부호 순위에 따르면 그는 자산이 762억 달러로 세계 제일의 부자다. 그 역시 자신의 성공 비결을 "오늘날의 나를 만든 것은 동네의 공립도서관이었다"라는 말로 대신했다.

책과 가까이하는 책벌레가 되어야 한다. 책 속에는 모든 것에 대한 답이 이미 나와 있다. 시련이 닥치더라도 책 속에서 해결 방법을 찾을 수 있고 꿈을 더욱 빨리 이룰 수 있는 비결도 얻을 수 있다. 책을 가까이하는 사람은 성공한 인생을 예약해놓은 것과 다름없다.

풍선을 입에 대고 바람을 불어넣으면 부풀어 오른다. 온 방향으로 둥글게 팽창해서 큰 구가 된다. 의식을 깨우는 책을 읽을 때면 내 안의 마음이 우주가 팽창하는 것 같은 느낌이 든다. 머리가 열리고 세상의 에너지를 빨아들이는 것처럼 피가 빨리 돌아간다. 머리가 찌릿찌릿하고 오감이 모두 깨어나면, 보이지 않던 것들이 보이고 새로운 아이디어가 샘솟는다. 상상이 나래를 펼치면 평소 고민하던 문제에 대한 답이 마구 떠오른다. 펜을 들어 옮겨 적으면 된다. 상상력은 만물이 창조되는 근원이다. 부를 끌어당기고 싶다면 먼저 부유함을 상상해야 한다.

독서를 통해 내 안에 이미 존재하는 부자세포를 깨워야 한다. 흔히 책을 읽으면 지식을 쌓는 데 도움이 된다고 하는데, 가장 중요한 것은 '진짜 나'를 아는 데 있다. '나'를 안다는 것은 유년 이후 초중고, 대학, 직장에서 맡은 역할을 해내는 데 도움이 된 '가짜 나'를 벗어버리는 것이다.

'진짜 나'는 어떤 것이든 될 수 있는 가능성을 가진 존재다. 원하는 것을 마음껏 누릴 수 있는 자유로운 존재이지만 사회화 교육을 통해 각자 맡은 역할에 맞는 옷을 입다 보니 원래의 자신을 잊고 살게 됐다.

책은 자유로운 '진짜 나'를 만날 수 있게 해준다. 부를 창출할 수 있는 능력은 다른 누구도 아닌 자신의 내면에 있다. 그래서 독서를 통해 부자세포를 깨워야 한다. 이 책을 읽는 독자들도 부자가 되고 싶다면 독서를 통해 자신 안에 잠들어 있는 부자의 능력을 최대한으로 이끌어내야 함을 기억하자.

09

나에게 주는 작은 보상

'35파운드(약 16킬로그램) 군장 12마일(약 20킬로미터) 전술행군.'

카투사 군 복무 시절의 행군이 아직도 기억에 선명하다. 주어진 세 시간 안에 주파해야 통과하는 전술행군을 군 복무 동안 세 번 했다. 이등병으로서 처음 전술행군을 하던 어느 겨울날, 새벽 4시에 군장을 멘 채 컴컴한 부대 정문에서 손전등을 켜고 길을 비추고 있었다. 도대체 어디로 가야 할지, 얼마나 걸릴지 행군 자체가 처음이라 아무것도 짐작이 가지 않았다. 그저 선임이 가는 대로 따라갈 뿐이었다.

차가운 새벽 공기를 가르고 뛰던 그때의 막막함은 아직도 잊히지 않는다. 무리하게 뛰고 걷다 왼쪽 발목이 심하게 부어올라 제대로 걷지도 못한 채 다리를 질질 끌며 들어왔었다. 그렇게 첫 번째 전술행군은 세 시간이 한참 지나서야 결승점에 도달했다. 20킬로미터의 거리를 세 시간 안에 주파하려면 시간당 6.6킬로미터를 가야 한다. 사람이 걷는 속도가 시간당 5킬로미터 정도이므로 어느 정도 뛰어야 하는지 계산이 나온다. 약 16킬로그램에 달하는 군장을 메고 소총을 든 채 달리는 건 체력적으로나 정신적으로나 매우 힘든 일이다. 서서히 달리더라도 금방 지치기 마련이다. 그래서 나름의 요령을 생각해낸다. 길 옆의 전봇대를 기준으로 두 구간은 뛰고 한 구간은 걷는 식이다. 첫 번째 행군에서는 이 요령을 몰랐지만 두 번째, 세 번째 전술행군 때는 이 요령대로 하여 시간 내에 무난히 결승점을 통과할 수 있었다.

목표를 달성하는 노력의 길 위에도 구간마다 이벤트를 두는 건 어떨까? 구분 없이 이어진 도로에서 전봇대를 구간으로 삼듯이 말이다. 이벤트가 이뤄질 때는 쉬기도 즐기기도 하면서 다음 구간을 준비하는 시간을 가지는 것이다.

유치원이나 초등학교에 다닐 때 선생님으로부터 '참 잘했어요' 도장을 받아본 일이 있을 것이다. 그리고 착한 일을 하면 이름 옆에 스티커가 늘어났던 기억도 있을 것이다. 어렸을 적에는 이런 도장과 스티커가 늘어날 때마다 크게 동기부여를 받을 수 있었다. 목표를 향해 나아갈 때 가시적으로 보상하는 방식은 효과가 크다. 이는 일반 삶에서도 마찬가지여서 우리가 뭔가를 성취했을 때 분명한 보상을 하면 훨씬 더 많은 것을 이뤄낼 힘을 얻게 된다.

"전투식량 든든히 먹었다!"

아침을 함께 먹은 후에 종종 내가 동료에게 하던 말이다. 한때는 에너지를 소모시키는 하루가 생존을 위한 전쟁이고, 전쟁 전에 배를 든든하게 채워야 한다고 생각했다. 그래서 아침밥을 배에 꾸역꾸역 채워 넣었다. 그런데 책을 쓰고 읽으면서 삶의 관점이 바뀌었다. 어느 날 바쁜 하루를 마치고 성대한 저녁 식사를 앞에 둔 친구가 "이렇게 많이 먹어도 될까?"라며 걱정스러운 얼굴로 물었다. 그때 나도 모르게 걱정하지 말고 먹으라고 충고하며 이렇게 말했다. "바쁘게 하루를 보낸 너에게 주는 보상이라 여기고 맛있게 먹으면 돼."

언제부터인가 밥은 끼니가 아닌 상이 됐다. 잘 잤으니 아침을 챙겨 먹고 오전, 오후 시간에 열과 성을 다해 일했으니 점심과 저녁을 아주 맛있게 먹어치운다. 마치 처음 맛보는 산해진미인 양 허겁지겁 게 눈 감추듯 먹기도 한다. 밥은 에너지를 얻기 위해 먹는 것이지만 다른 관점에서 바라보면 내게 주는 선물이기도 하다. 목적을 향해 열심히 움직이는 자신에게 적어도 하루 세 번 보내는 선물이다. 똑같이 느껴지는 하루 중에도 밥을 먹으면서 우리는 스스로에게 상을 주고, 다음 단계를 살아갈 에너지를 얻을 수 있다.

피자, 햄버거, 콜라. 나는 이 모든 음식을 매우 좋아한다. 특히 피자를 제일 좋아하는데 맛이 있기도 하지만 소화가 잘 되고 포만감이 오래가기 때문이기도 하다. 사실 어렸을 적 살던 동네에는 피자 가게가 별로 없어서 자주 먹진 못했다. 그런데 사회인이 되고 나서 월급날이면 기쁜 마음에 제일 좋아하는 피자를 시켜서 한 달 동안 치열하게 살아온 자신에게 선물을 하곤 했다. 비록 용돈만으로도 여러 판의 피자를 사 먹을 수 있었지만 어릴 적 가졌던 피자에 대한 로망과 월급날이라는 특별함에 의미를 두고 싶었다. 그래서 월급날이면 도미노피자를 시켜놓고 콜라를 마시며 스스로를 격려했다.

매월 급여를 받는 봉급자로서 한 달을 마무리하고 다음 한 달을 준비한다는 건 의미가 크다. 한 달을 기준으로 매월 균등하게 급여를 받는 사람에게 지난 한 달을 마무리하고 다음 한 달을 맞이하는 건 일종의 의식과 같다. 의식에 특정한 이벤트나 특별한 음식이 등장하는 건 당연하다. 내게 특별한 음식은 피자였던 셈이다. 스스로에게 상을 주고 나면 그 순간 자체로 맛있는 음식을 먹어 행복한 데다 다음 날까지도 포만감 덕분에 행복했다. 배탈을 피하기 위해 음식을 가려먹을 정도이지만 피자는 그냥 먹어도 뒤탈이 없어 더 좋아한 듯하다.

시간을 공간이라고 가정해보자. 공간을 구획하여 나누듯이 시간을 나누는 것이다. 최종 목표를 정하면 전체 구간을 가늠할 수 있고 세부적으로 구간을 나눌 수 있다. 막연하게 최종 목표만 가진 계획보다 세부구간으로 나뉜 작은 목표들이 존재할 때 더 쉽게 이룰 수 있다. 작은 목표들을 달성할 때마다 보상을 하면 꾸준히 나아갈 에너지를 얻을 수 있다.

작은 성공이 쌓여 큰 성공을 불러온다. 그렉 맥커운은《에센셜리즘》에서 작은 승리를 만들어 조금씩 전진하라며 다음과 같이 말했다.

> 우리 인간에게 가장 강력한 동기부여가 되는 것은 발전이라고 한다. 하나의 성공이 자신감과 확신을 만들어내고, 그것이 추진력이 되어 더 큰 성공으로 계속해서 나아가게 된다는 것이다.

목표를 달성하는 방법에는 두 가지가 있다. 하나는 거창한 목표를 설정하고 몰아치는 것이고, 다른 하나는 작은 목표를 달성한 후 그다음 단계를 밟아나가는 것이다. 전자는 때로 제풀에 지쳐 중도에 그만둘 위험이 있는 반면, 후자는 작은 것 또는 쉬운 것부터 성취해가며 추진력을 얻을 수 있다. 매일 작은 성취라도 반복해나가면 조금씩 발전할 수 있다. 날로 성장하는 자신을 지켜보며 궁극적인 목적에 닿을 힘이 솟고, 마침내 이뤄내게 된다.

분당 서울대학교병원 중환자실 간호사로 근무했던 '책꿈디자이너' 임원화는《하루 10분, 독서의 힘》에서 "목표량을 달성한 자신에게 보상하라"고 말한다. 보상을 '달콤한 마시멜로'로 표현하며 소소한 행복을 스스로에게 부여하라고 충고한다. 예를 들어 목표 달성 시 특별한 음식을 먹는다든가, 사고 싶은 것을 사는 것이다. 목표 달성을 위해 치열하게 노력한 이후에 받는 보상은 평소보다 값지고 다음 단계로 나아가는 원동력이 되어주기 때문이다. 꿈을 실현하기 위해 나아가는 과정은 먼 길을 떠나는 당신에게 때론 험난하게 느껴질 수도 있다. 하지만 목표를 향해 전진할 때 꿈 길 곳곳에 이벤트를 두어 스스로를 격려한다면 꾸준히 나아가는 데 큰 힘이 된다.

스스로에게 주는 상은 큰 의미가 있다. 자신이 스스로를 상을 줄 만한 성과를 낸 존재로 본다는 것이며, 이는 또한 다른 사람들도 나를 성공한 사람으로 보게 하기 때문이다. 거울만 나를 비춰주는 것이 아니다. 자아에 비치는 내 모습이 어떤지 잘 봐야 한다. 내가 보는 그대로 다른 사람 또한 나를 바라보기 때문이다.

목표를 달성할 때마다 자신에게 선물을 하자. 이왕이면 진짜 가지고 싶었거나 먹고 싶었던 것을 누리는 것이다. 작은 성공을 스스로 축하하며 자신을 격려하면 다음 성공을 향해 나아갈 큰 힘을 얻을 수 있다. 작은 성공이 결국엔 큰 성공을 불러온다. 작은 눈덩이가 눈밭을 굴러서 거대해지는 것처럼, 작은 성공이 원동력이 되어 계속 나아가다 보면 어느새 원대한 목표까지 달성할 수 있는 것이다. 그러니 목표를 달성할 때마다 자신에게 선물을 주어 큰 성공을 향해 지속적으로 나아갈 힘을 북돋아 줘야 한다. 어느새 커진 눈덩이처럼 상상도 할 수 없는 성과가 당신을 맞이할 것이다.

• 3장 •

돈도 알아주는 사람을 좋아한다

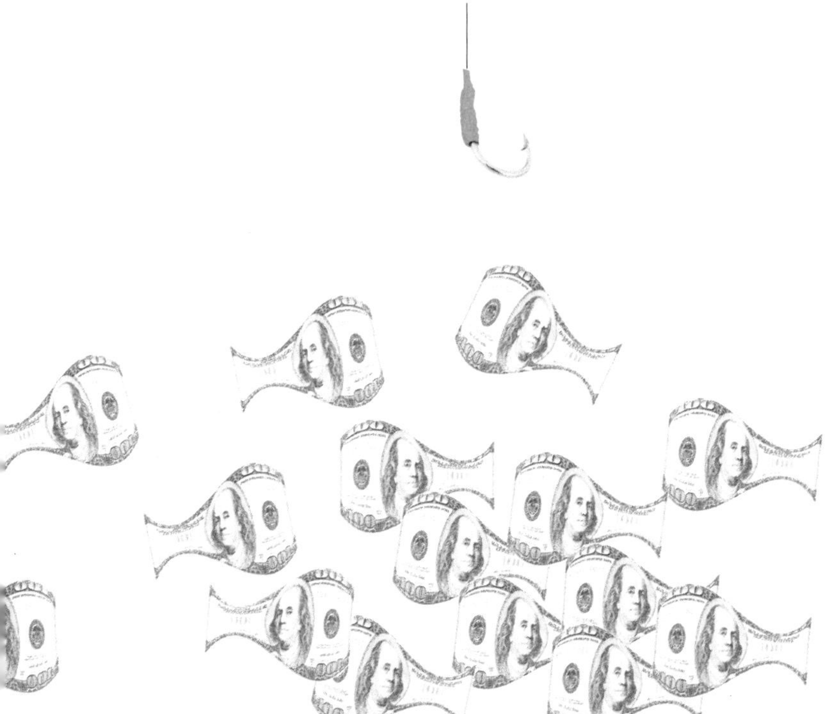

01

목표를 선언하고, 무조건 매달려라

고등학생 시절 학교 시험 기간이 다가오면 수많은 과목을 어떻게 준비해야 할지 고민이 커졌다. 그럴 때면 걱정이 너무 커져서 나를 잡아먹기 전에 펜을 들어 노트에 목표를 적었다. 언제 어떤 과목을 공부할지 날짜별로 쓰고 나면 마음이 놓였다. 비록 빡빡한 시험공부 일정에 힘은 부쳤지만 시험 준비에 매우 효과적이었고 태어나서 처음으로 반에서 1등도 해봤다.

나보다 커 보이는 목표가 앞에 놓여 있다고 두려워하지 말라. 뒤돌아가겠다고 다른 길을 선택하지도 말라. 두렵다면 정면으로 도전해야 한다. 가장 빨리 목표에 도달하는 방법은 곧장 가는 것이다. 목표를 정하고 세부적으로 무엇을 할 것인지 글로 쓰면 행동하게 된다. 그러면 목표는 서서히 현실이 되어간다. 처음에는 달성하기가 어려울 것 같아 보여도 성공 과정을 간접, 직접적으로 경험하고 나면 믿게 된다.

세계적인 베스트셀러 작가이자 가장 뛰어난 자기계발 전문가로 평가받는 심리학자 웨인 다이어는《확신의 힘》에서 '이미 이루어진 것처럼 살아라'라고 충고하며 책 쓰기에 관해 다음과 같은 조언을 했다.

> 여기 앉아 글을 쓸 때면 나는 저쪽에 예쁜 표지의 책 한 권이 놓인 것을 본다. 그 표지는 여러분이 지금 읽고 있는 책의 표지와 완전히 똑같다. 실제로는 3분의 1 정도밖에 쓰지 않았지만 나는 신성한 집필실에 들어갈 때마다 매일 완성된 책을 본다. 이것은 내가 오랜 세월 해온 연습이다. 책을 써나가는 동안 나는 상징적인 의미에서 그리고 상상 속에서 매일 완성된 책을 본다.

이 책을 써나가는 것도 결코 쉬운 일이 아니었다. 사례를 찾고 꼭지를 하나하나 써나가는데 좀처럼 속도가 붙지 않아 마음이 바빴다. 마음만 앞서갈 뿐 책 쓰기는 더디고 더뎠다. 그러던 와중에 다른 작가들의 초고 완성 및 출간 소식을 들었고, 거기에 힘입어 '나 또한 할 수 있다!'라며 초고 완성 일자를 선포했다. 2014년 7월 13일에 시작하여 8월 29일까지 초고를 완성하겠노라고 선언했다.

초고를 완성하겠노라고 선언한 후 장장 48일 동안 주중이면 매일 한 꼭지씩 썼다. 야근을 하고 11시 넘어 집에 올 때도 어김없이 초고 한 꼭지를 쓰고 잤다. 그렇게 어느덧 8월 초순이 지나갈 무렵 40꼭지 중에 절반 이상을 완성했다. 그제야 비로소 초고 완성의 목표가 손에 잡히고 최종 목표가 선명해졌다. 웨인 다이어가 한 말이 무슨 뜻인지 이해할 수 있었다. 8월 29일까지 초고를 완성하겠다고 목표를 정하고 나니 오늘, 이번 주, 이번 달에 얼마나 써야 하는가 하는 세부적인 실천 목표가 자연스레 세워졌다. 목표를 선포했으니 무를 수도 없고, 어떻게든 초고를 쓰는 원동력으로 삼았으며 정말 치열하게 초고 쓰기에 매진했다.

새벽 4~5시까지 원고를 쓰다가 두세 시간 자고 일어나 출근한 날이 부지기수다. 어떤 일이 발생해도 하루 한 꼭지를 써나갔다. 그렇게 목숨을 걸고 오늘 쓸 분량을 채워야 한다고 스스로에게 다짐하고 또 다짐했다. 너무 졸려서 키보드 자판을 두드리다 잠든 적도 한두 번이 아니었다. 에너지음료를 몇 캔을 마셔도 잠이 깨지 않을 때면 세수를 하고 와서 선 채로 썼다. 책을 써서 나를 성장시키고 싶다는 생각이 그토록 간절했다. 과거의 내게서 걸어 나와 원하는 모습으로 살기를 바라고 또 바라며 책을 썼다. 너무나 간절했고 책 쓰기에 미쳐 있었기 때문에 하루에 두 시간만 자도 행복했다.

간절하면 이루어진다고 했던가. 드디어 절반의 목표를 달성했을 때 끝이 보였다. 한 꼭지, 두 꼭지를 써나갈 때는 막막했는데 점점 자신감이 붙었다. 꼭지에 어울리는 사례가 신문에서 일상에서 그리고 책에서 눈에 더 많이 들어왔다. '이것 아니면 안 된다'라는 마음과 구체적인 기한 설정 그리고 세부 실천 목표가 있었기에 이 책이 탄생할 수 있었다.

저작물과 기록물만으로 20억 달러가 넘는 수익을 창출해낸 자기계발 분야의 살아 있는 전설 폴 J. 마이어는 《아름다운 도전》에서 목표 설정의 힘에 대해 다음과 같이 말했다.

> 목표란 당신이 날아가야 할 과녁, 아니 그 이상의 것이다. 계획을 세우고 발전시키고 그 달성 시한을 정할 때, 구체화된 목표에는 불가사의한 힘이 깃들게 된다. 왜냐하면 목표는 당신에게 불타는 열망, 강한 자신감, 그리고 실행해내고야 말겠다는 확고부동의 결의를 불어넣어 주기 때문이다. 구체화된 목표는 어떤 것이든 그것을 달성하는 데 필요한 형식, 그리고 초점을 기적적으로 마련해 준다.

돈을 모으는 것도 이와 비슷하다. 2013년 가을 회사에 입사한 지 1년 반의 시간이 흘렀을 무렵의 일이다. 그 짧은 기간에만 모은 돈이 3,000만 원 정도였다. 연봉은 이전 직장보다 적었지만 지출이 줄어들어 남겨두는 돈이 많았고, 그 돈을 모두 저축했다. 엑셀로 표를 만들어 월별로 수입이 얼마일지 정리해놓고 예상 지출액을 써넣으면 수식에 의해 매월 저축액이 자동으로 화면에 뜬다. 그러면 이번 달에 얼마를 모아야 하는지 알 수 있다.

매월 늘어가는 통장 잔고를 보면서 뿌듯해지는 그 느낌을 겪어보면, 돈 모으는 과정을 즐기게 된다. 때때로 성과급, 보너스 등이 지급되면 월급 이상의 금액이 통장에 고스란히 쌓여 그렇게 기쁠 수가 없다. 이처럼 계획적으로 할 수 있으려면 매년 통장에 들어올 것으로 예상되는 실수령액을 알아야 한다. 그런 이후 실제로 급여일에 들어오는 금액을 예상해야 한다. 매달 평균 급여액의 고정비용 한계를 정해놓고 변동비용 약간을 더한 후 한 달 내 소비 한계선을 정한다. 그리고 나머지는 모조리 저축한다. 단순하지만 아주 빨리 목돈을 모으는 노하우다.

매달 얼마의 금액이 모일지 예상하고 있다가 실제로 모였을 때, 그 희열감이란 이루 다 표현하기 힘들다. 소비를 통제하고 저축을 늘릴 경우 실수령액 중 최대 4분의 3, 최소 5분의 3을 모을 수 있다. 명확한 수치로 목표를 구체화하고 구간별로, 시기별로 목표를 세분화해서 돈 모으는 과정을 즐기다 보면 어느새 당신은 목표를 달성하고서 미소 짓고 있을 것이다.

어렸을 적 불장난을 할 때 불을 잘 일으키는 사람은 늘 입바람을 잘 부는 친구였다. 바람길을 앞뒤로 만들어놓고 산소가 잘 공급되도록 입으로 힘껏 바람을 불어주면 불이 활활 타올랐다. 열정은 불과 같아서 산소를 잘 공급해줘야 한다. 그렇지 않으면 마음속 불씨는 사그라지고 열기는 식게 된다. 그런데 열정에도 생명의 기한이 있다.

어느 날 냉장고에서 우유를 꺼내 마셨는데, 다 마시고 나서 깜짝 놀랐다. 우유 팩 위에 쓰인 유통기한이 이미 지났기 때문이다. 화장품에도 식품의 유통기한 같은 사용기한이 있다는 걸 알았을 때도 새로웠고 신기했다. 먹고 바르는 것에 기한이 있듯이 마음속 열정에도 생명의 기한이 있다.

수시로 온기를 불어넣어 열정을 유지하자. 1년 안에 이룰 일이 있다면 절반도 안 되는 6개월 내에 이루겠다고 결심하고 선포해야 한다. 어떤 목표든 빨리 이뤄야 열정을 유지할 수 있다. 단기간의 목표를 정하고 빨리 이루고 난 후 다음 목표를 향해 나아가자. 생각하면 즉시 행동으로 옮겨야 한다. 마음속 불이 꺼지지 않도록 기한을 정하고 단기간에 작은 성공부터 이뤄내야 한다.

기한을 정하고 돈 모으는 과정을 즐겨보자. 드림자기계발연구소 소장 권동희 작가는 자신의 저서 《미친 꿈에 도전하라》에서 "1톤의 생각보다 1그램의 행동이 중요하다"고 말했다. 원하는 목표 금액을 정하고 실천하면 된다. 아무리 생각이 많아도 실천하지 않으면 이룰 수 없다. 목표 금액을 정했다면 그저 묵묵히 앞으로 나아가되, 단계 단계의 작은 성취감을 느끼며 순간순간을 즐겨야 한다. 삶은 시간으로 구성되어 있다. 내가 즐기는 그 순간들이 모여 목표 달성의 일부가 된다.

'성공은 목표를 세우고 과정을 즐기는 순간들 속에 이미 스며들어 있음을.'

02

'돈님'을 편히 모실 명품 장지갑

"어! 시계가 멈췄네."

"시계에 습기가 찼어."

구입한 지 얼마 되지 않아 시곗바늘이 멈추고 방수가 되지 않아 습기가 찼다. 짝퉁 시장에서 싼값에 사온 시계다. 아무리 짝퉁이라지만 산 지 얼마 지나지 않아 제 기능을 발휘조차 못 한 채 돈의 가치가 사라져버린 셈이다. 짝퉁만 이런 것이 아니다. 브랜드를 보고 산 제품들도 만족스럽지 않을 때가 종종 있다. 적당히 가격에 맞춰 산 물건들을 사용할 때면 늘 찜찜한 느낌이 따라다니는 경험을 누구나 해봤을 것이다.

신발장에는 내 신발이 여러 켤레가 있다. 사고 나서 신지 않은 신발까지 보관하기 때문이다. 난 발등이 높고 볼이 넓어서 운동화 한 켤레를 살 때도 신고 벗고를 수없이 하느라 시간이 오래 걸린다. 2014년 초에 구두를 사고 두고두고 후회한 일이 있었다. 구두 기능만 갖추면 되겠거니 하고 세일하는 구두를 한 켤레 샀다. 그런데 이 구두는 아무리 신어도 내 발의 볼에 맞춰 늘어나지 않았다. 급기야 새끼발가락까지 아파서 한동안 무척 고생했다. 그 후 처음으로 수제화 가게에 가서 내 발에 딱 맞는 신발을 맞췄다. 고가이긴 했지만 발이 편해야 온몸이 편하다는 생각을 가지고 있었기 때문에 아깝지 않았다. 물건 하나를 살 때도 쓸 때마다 가치가 돋보이는 제품을 구매해야 한다. 돈을 아끼는 것이 절약이 아니다. 사용가치가 높은 물건을 구매해야 돈을 낭비하지 않으면서 진정한 만족을 얻을 수 있다.

루이뷔통이나 샤넬 핸드백은 사치의 대상이라고만 생각했다. 도대체 무슨 가치가 녹아 있기에 저토록 고가인가 궁금했다. 그런데 고가의 수제화를 신고 나니 사람들이 명품을 선호하는 이유를 알게 됐다. 관점을 바꾸고 나니 생각이 달라졌다. 신발에 맞춰 나를 변형시키는 것이 아니라 있는 그대로의 나를 인정하고 대접할 때에야 비로소 마음 편하게 능력을 발휘하는 데만 집중할 수 있다. 만족이란 측면에서 봤을 때 어떤 물건을 사고 나서 늘 찜찜함이 남는다면 설령 합리적인 가격에 구매했다 하더라도 손해다. 어떤 물건이든 구입한 후에는 계속 사용하는 게 일반적이다. 그때마다 불편한 감정이 든다면 감정과 에너지가 소모된다. 다른 비용을 줄여서라도 원하는 명품을 구매해야 하는 이유가 여기에 있다. 명품은 브랜드 고유의 가치와 장인의 탁월함이 깃든 제품이다. 가치를 누리고 탁월함을 즐기면서 시간과 에너지를 아껴 원하는 것을 이루어내는 데에만 집중해야 한다.

2013년 12월의 어느 날, 나는 반년 동안 생각만 해왔던 명품 장지갑을 사기로 했다. 무엇보다 나 자신을 먼저 대접하고 싶었다. 평생 처음으로 명품을 사는 것이라서 도대체 어떻게 해야 할지 난감했다. 매장이 어디에 있는지도 몰랐기 때문에 백화점에 들어가서 헤매면 창피하지 않을까 하는 쓸데없는 걱정부터 피어올랐다. 체크카드 통장 잔고가 충분한지 점검하고 나서도 혹시 몰라 신용카드까지 챙겼다. 또한 매장 직원이 혹여 나를 깔보지 않을까 걱정이 되어 일요일임에도 촌스럽게 위아래로 정장을 갖춰 입고 머리에는 젤을 바르고 루이뷔통 매장으로 향했다.

그래도 마음이 놓이지 않아 당시 읽었던 김상운의 《왓칭》에서 봤던 관찰자 효과를 실천해봤다. 마치 내가 아닌 다른 사람의 일처럼 바라보는 방법이다. 그랬더니 정말 단순하게 문방구에 동전지갑 정도 사러 간다는 생각이 들며 마음이 가라앉았다.

루이뷔통 매장에 들어서니 한 직원이 나를 전담하여 장지갑을 여러 개 보여주며 설명을 했다. 만져보고 들어보고 동전 포켓이 있는지 없는지 살펴보고, 조명에 비친 색깔까지 아주 꼼꼼하게 하나하나 모두 확인했다. 그중에 가장 맘에 든 브랏짜 월릿을 선택했다. 결제를 할 때 직원이 체크카드와 신분증의 이름이 같은지 확인을 요청했고 흔쾌히 신분증을 제시했다. 평소 같으면 '내가 왜?'라고 반발했겠지만 그날만큼은 기분 좋게 당연히 거치는 절차라 생각됐다.

백화점을 나와 집으로 돌아가는 길에 생각해보니 굳이 정장까지 갖춰 입고 오지 않았어도 될 것을 괜히 오버했다는 헛웃음이 입가로 새어나왔다. 어쨌거나 진짜 난생처음으로 명품을 사고 거금을 결제하고 나니 마음이 홀가분해졌다. 돈에 대한 고정관념과 마음의 벽을 깨야겠다고 생각했기 때문에 명품을 사는 행위가 내겐 일종의 의식인 셈이었다. 또한 명품 장지갑을 갖게 되면서 돈을 '돈님'이라 부르고 '돈님'이 들고 날 때 마음속으로 인사를 하게 됐다.

스스로를 대접하고자 했던 행동이 '돈님'에 대한 마음의 벽을 허물었고, '돈님'을 존중하게 됐다. 그래서 '지갑님'을 소지하고 있을 때면 '돈님'들이 몰려와 그 수가 너무 많아서 '줄을 서시오'라고 외치며 번호표를 나눠주는 재미있는 상상도 했다.

《왓칭》이란 책에서 말한 사고의 폭이 넓어졌다는 것은 아마도 이를 지칭한 것이 아닐까 하는 생각이 들었다. 돈에 대한 집착을 내려놓고 보니 무엇이 중요한지 눈에 들어왔고 응당 존중받고 사랑해야 할 존재에 대해 그동안 억압하고 소홀했다는 생각이 들었다. 게다가 돈은 단지 숫자에 불과하지만 사람의 생각에 따라 수량이 변할 수 있으며, 친구 또는 적이 될 수도 있다는 것을 깨달았다.

돈은 생물과 같아서 어떤 태도로 대하느냐에 따라 모이기도 하고 흩어지기도 한다. 돈이 좋아할 만한 태도를 가지고 소중히 다뤄야 한다. 이는 마치 생물들 간에 상호작용을 하듯 나와 돈의 살아 있는 관계로 볼 수 있다.

구겨지고 찢어지고 이물질이 묻은 돈은 누구도 선뜻 손을 내밀어 만지고 싶어 하지 않을 것이다. 돈이 사람이라고 가정해보자. 깨끗한 옷, 다림질 잘 된 옷, 향기가 나는 옷을 입은 사람이 좋은가? 아니면 더러운 옷, 구겨진 옷, 냄새가 나는 옷을 입은 사람이 좋은가? 나라면 깔끔하고 깨끗한 사람을 택하고 싶을 것이다. 그만큼 돈 자체를 소중하게 다뤄야 한다. 카메다 준이치로는 《부자들은 왜 장지갑을 쓸까》에서 돈을 소중하게 여기기 위해 장지갑을 쓰라고 조언한다.

"장지갑은 애초에 돈, 특히 지폐에게 편안한 형태로 만들어졌습니다. 장지갑은 빳빳한 새 지폐를 넣었을 때 그 모양을 그대로 유지할 수 있게 해줍니다. 쓸데없이 접을 필요가 없습니다. 또한 접이식 지갑의 경우 남

성들은 바지 뒷주머니에 넣고 다닐 때가 많은데, 장지갑은 뒷주머니에 넣으면 앉기 불편합니다. 따라서 돈이 엉덩이에 깔리는 일이 별로 없습니다."

명품 장지갑을 써보자. 때론 나 자신을 위해서 가장 좋은 것을 써야 할 때도 있다. 그냥 장지갑이 아니라 명품이어야 하는 이유는 가장 먼저 스스로를 대접하라는 의미다. 그와 더불어 돈이 편히 쉴 수 있는 특급 호텔을 마련해준다는 의미가 있다. 빳빳한 새 돈을 앞뒤 좌우 모두 똑같이 맞춘 후 지갑에 넣었을 때 그 뿌듯함을 느낄 수 있다.

접이식 지갑만 쓰다가 명품 장지갑을 쓴다는 건 돈을 대하는 태도가 확연히 달라졌음을 세상에 선언하는 것과 다름없다. 사람도 좋은 집에 끌리듯, 머물기 좋은 명품 장지갑에 돈이 몰리는 건 당연한 일이다. 오고 가는 돈들에게 "어서 오세요!" 또는 "또 오시고, 친구 데려오세요!"라고 인사를 해보자. 머무르기에 가장 좋은 곳이며 서비스가 좋은 명품 장지갑은 지폐에게 가장 좋은 쉼터다. 가장 좋은 옷을 입고서 VIP고객을 맞이하듯 명품 장지갑으로 돈을 맞이하자.

03

명품 정장은 수익률 높은 투자였다

나는 책을 쓰면서 저서가 출간되면 강연 의뢰가 들어온다는 이야기를 들었다. 그래서 책 쓰기를 배우는 동시에 강연도 준비하기 위하여 강연학교 과정에 등록했다. 강좌 두 개를 한꺼번에 들으려니 매주 토요일이면 서울로 올라와 오후 2시부터 밤 9시까지 가끔씩 저녁 식사도 건너뛴 채로 수업을 들어야 했다. 서서히 강연에 대한 맛을 익혀가던 즈음, 강연학교 내에 이미지 컨설팅 과정이 포함되어 있어서 내 피부톤과 얼굴에 어울리는 색깔도 찾게 되었다.

어느 날 문득 나 자신의 색깔에 맞춰서 머리부터 발끝까지 변신해야겠다는 생각이 들었다. 내게 어울리는 색깔을 찾았으니 어서 딱 어울리는 옷을 사고 싶었다. 그래서 집 앞 백화점에 들러 무작정 2층 명품 코너를 빙빙 돌았다. 봄인데도 봄 색깔을 가진 옷이 거의 없었다. 다른 층까지 다 둘러봤으나 맘에 드는 옷을 찾기가 어려웠다. 그러다가 S.T. Dupont 매장에서 연두색 계통의 콤비 정장 상의를 발견하고는 '내 옷이다!'라는 느낌으로 거리낌 없이 입어봤다. 옷이 몸에 꼭 맞았다. 소매 길이도 딱 맞아서 줄이고 늘이고 할 필요가 전혀 없었다. 회색 바지까지 맞춰서 입으니 무척 마음에 들었다. 거울 앞에 서서 앞, 옆, 뒤를 번갈아 보며 연신 만족스러운 미소를 지었다.

'가치를 먼저 보고 가격은 나중에 고려하자'라는 마음가짐으로 옷을 골랐기 때문에 나중에 가격표를 보고는 기절초풍하는 줄 알았다. 콤비 정장 한 벌의 가격이 월급을 훌쩍 넘어섰기 때문이다. 아무리 명품이라지만 놀라지 않을 수 없었다. 마음속으로는 벌벌 떨었지만 이미 내 옷이 된 정장을 두고 떠날 수 없었기에 신용카드를 꺼내 결제를 했다. 바지 단을 맞추려고 옷 수선을 맡긴 후 집에 돌아오면서 내가 미치지 않았는지 스스로에게 끊임없이 물었다. 돈을 무서워하며 가치를 간과했던 과거의 나였다면 절대로 일어날 수 없는 일이었다. 얼떨떨했지만 견딜만 했고 왠지 좋은 일이 생길 것 같은 기대에 들떴다.

이후 《버킷리스트 3》가 5월에 출간되었고, 6월 28일에 교보문고 저자 강연회에 초빙되는 영광을 안았다. 책에도 썼던 교보문고 광화문점 저자 강연회를 하게 된 것이다. 콤비 정장을 처음 샀을 때 고가임에도 눈 깜짝 안 하고 결제할 수 있었던 건 저자 강연회를 할 거라는 강한 확신이 들었기 때문이다. 그리고 생애 첫 저자 강연회에 설 때 제일 좋은 옷을 입는 게 청중에 대한 예의라고 생각했기에 명품을 구매했다.

6월 28일이 왔을 때는 한여름이라 4월에 구매한 바지가 조금 두껍긴 했다. 그렇지만 그런대로 입을 만했고, 명품 정장은 나를 빛내주었다. 체형에 맞는 고급스러운 옷매무새가 스스로 보기에도 멋스러웠고 뿌듯했다. 저자 강연회에서는 마치 축제처럼 열변을 토했다. 감동의 눈물을 흘릴 만큼 울림이 큰 강연이었다. 부모님도 광주에서 올라오셔서 직접 내 강연을 들으셨다. 강연이 끝날 즈음 어머니는 갑자기 자리를 박차고 나와 내게 안기셨다. 책을 쓰면 효도를 할 수 있다고 했는데 어머니께 감동을 전할 수 있어 가슴이 벅찼다.

콤비 정장을 입고 자신감 넘치게 경험만을 사례로 들어가며 강연을 했는데, 청중 중에 어떤 이는 내가 무대 위에서 빛나 보였다며 칭찬을 아끼지 않았다. 맞다! 나는 빛나는 사람이 됐다. 멋진 옷을 입었고 청중에 대한 예의를 지켰다는 마음을 가지고 성공리에 교보문고 저자 강연회를 마친 것이다.

옷이 강연회에 얼마나 영향을 미쳤는지 알 수는 없지만 한 가지는 확실하다. 첫 저자 강연회에서 최고의 청중을 모셔놓고 평소 출퇴근 시 입는 평범한 정장을 입었다면 그처럼 빛나 보이진 못했으리라는 것이다. 옷을 사는 행위와 옷 그 자체가 사람 마음을 꽉 차게 하고 자신감을 북돋아 준다. 명품은 이처럼 전부는 아니지만 부분적으로 긍정적 영향력을 발휘하는 데 확실히 도움이 된다.

〈석세스〉지의 창간자이며 미국의 근대 성공철학의 선구자라 불리는 오리슨 스웨트 마든은《부의 지혜》에서 '성공한 사람으로 보이게 하라'라고 강조했다.

> 복장, 태도, 말투 등은 모두 당신의 야심에 맞지 않으면 안 된다. 그것은 모두 당신의 목표 달성을 도와주는 것이며 하나라도 소홀히 해서는 안 된다. 당신 스스로 붙인 가격표로 세상은 당신을 평가한다. 당당한 태도를 취한다면 세상은 당신을 유리한 입장에 서게 할 것이다.

다른 누군가가 내게 미치는 영향력 또한 중요하다. 사람 간에 주고받는 영향력은 수면에 퍼지는 동심원 같아서 나와 남을 구분하지 않고, 누가 퍼뜨리든지 상대에게 갔다가 돌아오기 마련이다. 우선 자신이 스스로에게 좋은 영향력을 끼칠 수 있도록 진짜 원하는 것만 생각해야 하며, 남이 보기에 하루라도 더 많이 내 삶을 살기 위해 노력해야 한다. 자신을 가치 있는 사람으로 평가해서 복장, 외모, 행동거지에 특별히 신경을 쓴다면 다른 사람 또한 나를 존중할 것이다. 관계는 거울과 같다. 자신이 먼저 스스로를 대접하지 않으면 후줄근한 내 모습을 보고 누구도 제대로 대접해주지 않음을 잊지 말아야 한다.

위즈덤하우스와 웅진씽크빅에서 10년 동안 에디터로 일했던 김규정은《강남 사모님의 특별한 조언》이라는 책을 써냈다. 거기에 담긴 강남 사모님 J 씨의 이야기를 읽어보자.

> 친한 사모님이 그러시더라고요. 피부는 내가 어떤 삶을 살고 있는지를 보여주고, 자세는 내가 어떤 태도로 삶을 대하는지를 알려주고, 헤어스타일은 내가 얼마나 부지런한지를 보여준다고요. (…) 저에게 맞는 몇몇 브랜드를 정해놓고 디자인과 재질을 꼼꼼히 따져서 오래 아껴가며 입을 옷만 사요. 직장생활을 시작하고 딱 1년 됐을 때 나한테 주는 선물로 버버리코트를 한 벌 샀는데, 지금까지 잘 입어요. 버버리풍 코트 몇 개 살 바에야, 버버리코트 하나 사서 오래 입는 게 낫죠.

친한 친구 중 한 명이 자신은 옷을 사면 오랫동안 입는데 처음에 살 때 아예 돈을 더 주고서라도 좋은 옷을 산다고 했었다. 당시 그 이야기를 들을 때면 '굳이 저럴 것까지야' 라는 생각이 들었지만 한참의 시간이 흐른 지금에야 그 친구가 했던 말의 뜻을 이해하게 됐다.

여자는 핸드백, 남자라면 코트와 구두를 명품으로 장만해보자. 여자의 자존심은 명품 핸드백이고 남자에겐 코트, 구두 그리고 벨트다. 비가 오면 여자가 들고 다니는 핸드백이 명품인지 아닌지를 구분할 수 있다는 우스갯소리가 있을 정도로, 여자에게 명품 핸드백이란 그걸 가진 자와 가지지 못한 자로 나뉘게 한다. 여자에게 명품백이란 자존심과 같은 존재일 것이다.

수제 구두를 맞추러 갔던 가게에서 그곳 사장님이 무심코 던진 말이 아직도 뇌리에 깊이 박혀 있다. "남자라면 벨트, 구두는 좋은 걸 가져야 해." 남자가 정장을 입었을 때 외모 중에서 가장 크게 돋보이는 건 구두, 벨트다. 구두야 비쌀수록 착용감이 좋기 때문에 가치가 충분하다고 여겼지만 벨트까지는 생각을 못 했었다. 하지만 저렴한 벨트를 하니 옷에 어울리지도 않고 초라해 보여서 교보문고 저자 강연회 전날 명품 벨트를 하나 급히 마련하긴 했다. 이것 또한 깜짝 놀랄 정도로 가격이 만만찮았지만 착용해보니 이보다 좋을 수 없었다. 머리에서 발끝까지 명품으로 도배하는 건 오히려 어리석을지 몰라도 적절히 필요한 부분을 빛내기 위해 명품을 착용하는 건 자신을 사랑하고, 아름답고 멋진 모습을 드러내는 행위다. 이 글을 읽는 독자들 역시 자신감을 드높여 줄 명품 한 가지를 장만해보는 건 어떨까?

04

시간이라는 가장 큰 자산

'일의 우선순위를 정해서 실천할 것.'

이 아이디어는 경영전문가 아이비 리가 생각해낸 것이다. 그는 이 아이디어의 대가로 베들레헴 철강회사의 회장 찰스 스왑에게 2만 5,000달러를 받았다. 1920년대의 일로, 당시로써는 엄청난 금액이었다.

이 아이디어를 얻기 전까지 베들레헴 철강회사는 심각한 적자에 시달리고 있었다. 하지만 아이비 리의 번뜩이는 아이디어 덕분에 회사는 적자에서 흑자로 전환할 수 있었다.

대부분의 사람은 일을 할 때 손에 잡히거나 눈에 보이는 것부터 하려는 경향이 있다. 그러다 보면 어떤 것 하나도 제대로 완수하지 못한 채 시간만 허비하게 된다. 유대인 격언에 이런 말이 있다. "사람은 금전을 시간보다 소중하게 생각하지만 그로 인해 잃어버린 시간은 결코 돈으로 살 수 없다."

시간은 무엇보다 귀중하다. 억만금을 준다 해도 시간은 한 번 흘러가 버리면 되돌릴 수 없기 때문이다. 그런데 사람들은 우선순위를 고려하지 않는 생활습관으로 시간을 낭비하곤 한다.

세네카는 "인간은 항상 시간이 모자란다고 불평을 하면서 마치 시간이 무한정 있는 것처럼 행동한다"라고 말했다. 누구나 성공하고 싶고 꿈을 이루고 싶을 것이다. 꿈은 이루어지기 마련이지만 얼마나 빨리 이루느냐는 시간을 어떻게 활용하느냐에 달렸다. 시간을 헛되이 보내지 말고 우선순위에 따라 일을 처리해서 시간을 벌어야 한다.

과거에 나는 회사에서 일을 할 때면 늘 시간에 쫓기는 타입이었다. 번번이 기한을 넘기고 "죄송합니다"라는 말을 입에 달고 살았다. 그런데 어느 날 책을 통해 너무나 쉽고도 간단한 성공 비법을 알게 됐다. A4용지 한 장을 반으로 접어 왼쪽엔 오늘의 할 일을 우선순위에 따라 적고 오른쪽엔 자신이 좋아하는 문구 혹은 장기적으로 해야 할 일들을 쓰는 것이다. 그리고 해야 할 일들을 하나씩 완수할 때마다 줄을 그어 표시를 하면 된다. 힘든 하루 중에도 수차례 줄을 긋는 재미를 느낄 수 있고, 하루를 마칠 땐 까맣게 줄이 그어진 목록을 보며 보람에 차 피곤한 중에도 쾌재를 부르게 된다.

아침에 사무실에 들어서서 자리에 앉으면 A4용지를 편다. 그 위에 날짜를 쓰고 오늘 할 일의 목록을 쓴다. 무작위로 순서 없이 쓴 다음 각각에 우선순위대로 번호를 매긴다. 그리고 우선순위대로 일을 해나간다. 여기서 중요한 점은 한 가지 일을 마치고 나서야 다음을 해야 한다는 것이다. 한순간에 오직 한 가지에만 집중해야 한다. 비록 여기저기서 전화가 오고 업무지시와 협조 요청이 빗발칠지라도 주위 환경을 통제해야 한다. 가장 중요하며 시급한 일을 먼저 처리해야 동료를 만족시킬 수 있다. 한꺼번에 여러 가지 일을 해치우려다 어느 것 하나 완료하지 못한 채 지친 몸을 이끌고 야근을 할 것인지, 아니면 주어진 시간 안에 우선순위대로 일을 마쳐서 가벼운 마음으로 정시에 퇴근할 것인지는 스스로 결정할 일이다.

우선순위를 정한다는 것은 복잡한 것을 중요한 순서대로 단순화하는 작업이다. 그런 다음에는 선택과 집중을 통해 한 번에 한 가지 일만 처리한다. 무엇을 하든지 단순해야 목표 지점과 과정이 한눈에 들어온다. 진행 상황이 눈에 들어오면 자신이 업무의 시작과 끝 사이 어느 지점에 있는지 바로 알 수 있다. 현재 위치를 인식하면 얼마나 더 많이 그리고 언제까지 노력해야 하는지 짐작할 수 있고, 그에 따라 업무 강도를 조절할 수 있다.

이렇듯 단순화는 우리 삶을 쉽게 하고 중요한 것에 집중할 수 있게 도와주는 방법이다. 삶은 시간으로 이루어져 있기 때문에 삶에서 소중한 것에 집중해야 한다. 시간을 잡아먹고 주의를 분산시키는 덜 중요한 것들로부터 우리의 시간을 보호해야 한다. 그래서 벌어들인 시간으로 나와 내 가족을 사랑하고 사랑을 표현하는 데 써야 한다.

돈을 쓸 때도 단순화의 원리가 적용되어야 한다. 대부분 사람의 지갑 속엔 여러 장의 카드가 빼곡하게 차 있다. 반지갑의 경우 지갑이 뚱뚱해져 접히지 않는 경우도 더러 보곤 했다. 마트, 백화점, 의류 매장 등에 들러서 결제할 때면 으레 포인트 카드니 회원 카드를 만들라는 권유를 받는다. 포인트가 얼마 쌓이면 어떤 혜택을 받을 수 있다거나 당장 쓸 수 있는 상품권을 받을 수 있다고 꾄다. 하지만 이런 상술에 혹해 자신의 소중한 시간을 낭비하지 말아야 한다.

한 번은 몽블랑 만년필을 사러 백화점에 들른 일이 있다. 그 백화점에선 거의 처음으로 거래를 튼 것이라 백화점 전용 신용카드를 개설하라는 권유를 받았다. 상품권을 준다는 조건이었다. 그래서 별생각 없이 결제 전에 신용카드 신청을 하려고 고객센터로 갔다. 그런데 고객센터에는 사람들이 줄지어 있었다. 내 차례가 되려면 한 시간 정도 기다려야 한다고 했다.

그때 나는 생각했다. '나의 한 시간의 가치는 얼마인가? 나는 지금 여기에서 무얼 하고 있나? 내가 지금 해야 하는 우선순위의 일은 무엇인가?' 답은 단순했다. 내재가치를 더욱 끌어올리는 작업에 시간을 투자하는 게 더 수익률이 높다고 판단했다. 발걸음을 돌려 몽블랑 매장으로 가선 신용카드는 다음에 만들겠다고 하고 바로 결제를 했다. 그리고 집에 가서 책을 보고 글을 썼다.

시간은 돈보다 소중하다. 그 시간을 자신에게 어떻게 투자하느냐에 따라 미래가 결정된다. 먼저 자신의 내재가치를 높게 평가해야 한다. 내재가치가 높은 사람은 외부 상황이 어떠하든 바깥으로부터 눈을 돌려 자신의 내면만 바라볼 수 있다. 이는 이기적인 것과는 별개의 문제다. 다른 사람의 기대에 부응하려다 자신만의 색깔을 잃어버리는 어리석은 행위를 하지 말라는 경계의 의미다. 자신의 내재 가치를 끌어올리면 사람들은 내게 시선을 두게 되어 있다. 무엇을 하든 어떤 옷을 입든 사람들은 주의를 기울이며 물어올 것이다. 그러니 남의 욕망을 채우는 일에 시간을 낭비하지 말고 자신만의 능력을 배양하는 데 집중해야 한다.

학생 시절 "공부 잘하는 사람은 책가방이 가볍다"라는 말을 자주 들었다. 반면 공부 못하는 사람은 이 책 저 책 다 봐야 한다는 불안감 때문에 가방이 무거워진다. 목표를 정하고 그것과 관련된 것에만 집중해야 한다. 해야 할 것은 하고, 하지 말아야 할 것은 하지 말아야 한다. 삶에서 가장 소중한 것만 할 수 있도록 불필요한 것을 버려야 한다. 책상 옆에 쓰레기통을 두듯이 머릿속에도 생각을 버리는 쓰레기통을 마련해두자. 그래서 남의 기대를 충족하기 위해서 하는 형식적인 생각들은 모조리 갖다 버리자. 단순하게 생각하고 더 빨리 꿈을 이루는 방법은 우선 꿈을 이루는 데 도움이 되지 않는 것들을 버리는 것이다.

중요하지 않은 것에 신경을 쓰다가 가장 중요한 삶의 자산인 시간이 사라져 간다. 삶을 통제하기 위해서는 절대적으로 시간을 확보해야 한다. 가장 소중한 자산인 시간을 지키고 벌어야 하는 이유가 여기에 있다.

삶의 주인이 된다는 것은 인생의 통제권을 자신이 온전히 쥐고 있어야 한다는 뜻이다. 자신이 처한 환경은 모두 자신의 선택으로 이루어진 결과라는 것을 명심해야 한다. 그리고 현재 내 삶의 결과는 누구의 의지로 선택한 것인지 돌이켜봐야 한다.

05

200만 원을 벌어도 2억 버는 법을 고민하라

브렌든 버처드는 엑스퍼트아카데미를 세우고 《메신저가 되라》를 써서 사람들이 자신만의 고유한 메시지를 세상에 알리며 평생 성장하는 방법을 가르치고 있다. 그는 사업을 새로 시작할 때 첫 2년을 잘 견디라고 하면서, 사업규모가 작더라도 목표를 크게 잡으라고 조언한다.

막 메신저 사업을 시작했을 당시 여느 사업가와 다름없이 그 또한 얼마 못 가 파산에 이르렀다. 빈털터리가 된 채 자신의 어머니가 재봉실에서 사용하던 작은 접이식 탁자에서 성공의 심리학에 관한 뉴스레터를 쓰고 있었다. 파산한 상태에서 성공을 논하는 자신이 어색하게 여겨졌으나 이내 스스로에게 다음과 같이 말하며 생각을 바꿨다. '브렌든, 맞아. 너는 작게 시작하고 있어. 누구나 그렇게 해. 그렇지만 너에게는 강력한 메시지가 있고 그걸 다른 사람들에게 전달해야 해. 넌 꾸준히 연구를 했어. 살면서 배운 것도 많아. 그리고 다른 사람들에게 영감을 불어넣을 줄 알잖아. 언젠가 너는 수백만 명의 사람들을 도울 거야. 오늘이 바로 그날이라고 생각해. 계속 노력해. 너는 이 보잘것없는 아파트보다 훨씬 큰 사람이야. 왜냐하면 네 꿈은 원대하니까.'

나 또한 작은 방에서 접이식 탁자 위에 노트북을 켜놓고 이 책을 쓰고 있다. 밖은 자동차 오가는 소리로 소음이 심하지만 아침 해는 떠오르고 있다. 그가 역경 속에서도 자신의 꿈을 믿었듯이 나 또한 스스로를 굳게 믿고 자기계발에 내 모든 자유시간과 열정을 쏟고 있다. 결혼 적령기의 한 남자가 자기계발에 열을 올리면서 모든 것을 걸고, 아직 성과가 나오지 않았지만 확신에 찬 채로 책을 쓰고 있다. 나는 안다. 어두운 길에 홀로 서 있을지라도 이젠 어디를 향해 어떻게 가야 하는가를. 그걸 알기 때문에 확신이 선다. 이 어둠 속에서도 등불과 같은 꿈이 있어 나를 안내하기에 외롭지 않다.

지난 2월 《메신저가 되라》를 읽고 저자인 브렌든 버처드에 매료되어 엑스퍼트아카데미 웹사이트에 가입했고 주기적으로 이메일 뉴스레터를 받아봤다. 이메일에 링크된 동영상 강의를 보면서 그의 빛나는 두 눈에서 나 자신을 발견했다. 그리고 주저 없이 엑스퍼트아카데미 현장 세미나를 신청했다. 한 달 급여에 맞먹는 200만 원이 아깝지 않은 결정이었다. 그리고 드디어 2014년 9월 16일 나는 미국 샌프란시스코로 출국했다. 브렌든 버처드의 엑스퍼트아카데미 현장 세미나에 참석하기 위해서였다.

나는 늘 마음을 울리는 책을 보면 저자와 만나는 상상을 한다. 브렌든 버처드는 그 정도가 매우 강해서 즉시 행동으로 옮겼다. 영어로 진행되는 그의 세미나에서 유일한 한국인인 내가 잘 알아들을 수 있을지는 여전히 미지수였지만, 그건 상관이 없었다. 사람의 마음은 느낌으로 전해지고 그 느낌을 온전히 받아오면 되는 것이다. 그리고 세미나에서 브렌든 버처드가 던졌던 다음 세 개의 질문에 답을 찾았다.

나는 충분히 만족스러운 인생을 살았는가?

열린 마음으로 다른 이들을 사랑했는가?

스스로 가치 있는 존재라고 느끼는가?

그 어떤 것도 확신을 줄 수 있는 외부적인 요건은 없었다. 다만 마음 안에서부터 확실히 이뤄질 것이라고 믿는 것뿐이었다. 일반 사람들이 보기에는 돈이 아깝다거나 미쳤다고 할 수도 있겠지만 삶이 어디를 목표로 어떤 방향으로 흘러가고 있는지 알고 있다면 마음이 편안하다. 아니 미래가 보이기 때문에 열정으로 가슴이 마구 요동친다.

아주 평범하게 보일 때라도 자신이 간절히 원하는 모습만 상상해야 한다. 그러면 그런 모습이 되기 위해 무엇을 해야 하는지가 보일 것이다. 부족한 게 있다면 성공한 사람들처럼 묻고, 배우고, 익히면 되는 것이다. 성공자의 마인드, 태도, 방법, 기술 모두를 배워서 내 것으로 만들면 된다. 물론 시간을 벌 수 있게 도와주는 교육을 받기 위해서는 적지 않은 돈이 들 수도 있다. 하지만 이렇게 생각해보면 어떨까? 내 마음속에 대규모 공단을 짓는데 초기에는 공장 부지를 정리하고 건물을 짓고 기계를 들여놓기 위해 투자를 한다. 하지만 공장을 가동해 제품을 제조하고 판매하면 그 수익은 어마어마하다. 이런 단계로 자신의 꿈도 성장해가는 것이라고 생각하면 모든 게 당연해진다. 설령 원하는 결과가 현실에 나타나기까지 시간이 필요하다 해도, 더 큰 성과를 위한 투자라고 여기면 큰 힘이 될 것이다.

그렇다면 우리는 왜 고군분투하고 있을 때조차 성공자의 마인드로 원하는 모습이 될 것이라고 상상해야 하는 걸까? 《메신저가 되라》에서 인용된 매리엄 윌리엄슨의 말이다.

"우리는 스스로에게 '나는 똑똑하고 멋있고 재능이 많고 굉장한 사람도 아니잖아?'라고 말합니다. 왜 그렇게 생각합니까? 여러분은 신의 자식입니다. 여러분이 큰 비전을 품지 않는 것은 세상에 도움이 되지 않습니다. 스스로 움츠러들어 봤자 좋을 게 없습니다. 어린이들처럼 우리 모두는 빛나는 존재입니다. 우리는 우리 안에 있는 신의 영광을 드러내려고 태어났습니다. 일부 사람들만이 아니라 우리 모두가 그렇습니다. 스스로를 빛나게 할 때 우리는 다른 사람들도 빛날 수 있도록 무의식적으로 허용합니다. 스스로의 두려움에서 자유로워지면 우리는 자동으로 다른 사람들도 자유롭게 할 것입니다."

너무 멀게만 느껴진다고 겁먹을 필요가 없다. 삶이 내게 바라는 그 무언가를 실천하며 살아야 한다. 마음속에 어둠이 내리면 촛불 하나를 켜서라도 어둠을 몰아내고 식물이 빛을 향해 가지를 뻗듯이 꿈을 향해 나아가야 한다. 그럴 때에야 저절로 빛이 나는 사람이 된다. 열정이 불타오르는 사람의 눈에는 빛이 난다. 가슴 뛰는 열정은 다른 사람의 가슴에도 열정의 불을 지핀다. 그러니 원대한 꿈을 종이에 적고 지금 할 수 있는 일에 열정을 불태워 스스로 찬란한 삶을 살아가야 한다.

옷장사로 성공한 한 지인이 젊은 시절 아무것도 없이 맨몸으로 현실을 헤쳐나가던 시절의 경험을 이야기해준 적이 있다. 그녀는 버스를 타면 항상 뒷자리만 탔다고 한다. 뒤에 앉아 밖을 내다보며 상점을 유심히 둘러보기 위해서였다. 그러고는 상점마다 장사가 잘되는지 안 되는지를 판단하고 그 이유를 혼자서 골똘히 생각했다고 한다. 그녀는 무일푼일 때도 상점의 소유주처럼 생각하고 미래를 준비했던 것이다.

그녀가 했다면 여러분도 똑같이 해낼 수 있다. 나 역시도 비슷한 방식으로 생각한다. 이 책을 쓰는 중에도 매 순간 〈세상을 바꾸는 시간, 15분〉, 〈TED〉, 엑스퍼트아카데미의 무대에 서서 강연하는 상상을 한다. 지난 1년 동안 처절한 삶의 경험을 통해 깨달은 '나는 누구인가, 가슴 뛰는 그 존재가 나 자신이다!'라는 주제로 사람들에게 강연할 것이다. 이는 마치 누가 시키지 않더라도 생을 다해 마쳐야 하는 나의 임무와 같이 생각된다. 내가 받은 그 메시지를 사람들에게 전파해야 한다. 그래서 그 사람들이 나에게 동기부여를 받아 내면의 울림을 통해 행동하도록 돕고 싶다.

가족을 위해, 나 자신과 소중한 누군가를 위해 원대한 꿈을 가져야 한다. 200만 원을 벌더라도 2억 원 버는 법을 고민하자. 사람은 자신이 평소 생각하는 그대로의 사람이 된다. 고민에 고민을 거듭할수록 우리는 바라는 사람이 되어간다. 성공한 부자들이 어떤 태도로 세상을 바라보고 어떤 방식으로 돈을 버는지 유심히 관찰하면서 그들을 따라 해야 한다. 머지않아 자신도 그런 성공자로 변모하게 된다는 것을 느끼게 된다.

06

확신은 길을 잃지 않게 해준다

"인생을 사랑한다면 시간을 낭비하지 마라. 왜냐하면 인생이란 시간 그 자체이기 때문이다."

미국 100달러 지폐 속 인물이자 미국 건국의 아버지 중 한 명인 벤저민 프랭클린이 한 말이다. 올해도 어김없이 봄꽃이 흐드러지게 피고 나서 푸르고 찬란한 잎들을 키워냈다. 2013년 여름 이후 1년이란 시간이 흐르고 또 여름이 왔는데, 그동안 나는 어떻게 변화했는지 스스로에게 물어봤다. 겨울부터 이번 여름까지 나는 참 많이 변했다. 세상을 바라보는 관점도 바뀌어서 어떤 것을 봐도 한 계절 앞 또는 몇 년 후를 상상하는 버릇이 생겼다. '저 꽃이 피고 다시 초록 잎들이 무성해지는 다음 계절에는 완전하게 다른 삶을 살아야겠다'라고 다짐한다.

'100-1=0'이란 수식을 본 적이 있는가? 흔히 제조업체에서 불량률을 줄이기 위해 이용하는 표어다. 아흔아홉 번을 합격해도 한 번 실수하면 전체가 불합격이라는 뜻이다. 목표를 추구할 때도 이와 같다. 99%의 노력을 기울였더라도 마지막 1%까지 노력을 기울여야 목표에 닿을 수 있다. 의욕적으로 시작했던 사람도 차츰 시간이 지나갈수록 에너지가 줄어든다. 그래도 힘을 내서 끝까지 가다가 마지막 단계에서 손을 놓아버리고 돌아선다. 금광이 눈앞에 있는 것도 모른 채, 다시는 같은 기회를 잡지 못한다는 것을 알지도 못한 채 포기하는 것이다. 토머스 에디슨도 이런 말을 남겼다. "많은 인생의 실패자들은 포기할 때 자신이 성공에 얼마나 가까이 있었는지 모른다."

지난봄 출장 준비로 미친 듯이 바빠 몇 날 며칠을 새벽까지 일했었다. 회식을 하고서 밤 9시가 넘어서 사무실로 돌아와 밤을 새우기도 했다. 당시 나는 일분일초가 아까웠고 시간이 흘러가지 않기를 바랐다. 그런데 그때 신비한 현상을 목격했다. 창에 드리워진 커튼이 바람결에 휘날리는데 마치 시간이 물결을 그리며 흘러가는 것처럼 보인 것이다. 그래서 마음속으로 포물선을 그리며 지나가는 시간을 잡고 놓아주지 않는 상상을 했다. 간절했기에 시간을 부여잡으려 한 것이다.

시냇가에서 흐르는 물을 응시한 채 한참 있다 보면 물이 흘러 뒤로 가는 것인지 내가 서 있는 땅이 물 위에 뜬 배처럼 물을 거슬러 앞으로 나아가는 것인지 착각이 들 때가 있다. 마치 시냇물은 그대로 멈춰 있고 내 몸이 앞으로 나아가는 듯할 때 묘한 느낌이 몰려온다. 하지만 물은 어김없이 위에서 아래로 흘러간다. 우리가 착각 속에 빠져 시간이 가는 줄 모를 때에도 세월은 어김없이 망망대해로 빠져나가 영영 돌아오지 않는다. 이 사실을 기억한다면 우리는 오늘 하루를 허투루 보낼 수가 없다. 확고한 목표를 향해 굳은 의지로 꾸준히 나아가야 한다.

확고한 신념이 있으면 흐르는 시간도 문제가 되지 않으며, 어떤 시련이 닥쳐도 헤쳐나갈 수 있다. 어느 날 우연히 가전매장에 들러 구경을 하다가 청소기 가격을 보고 눈이 휘둥그레졌다. 진공청소기 한 대 가격이 자그마치 100만 원에 육박했기 때문이다. 이후에야 알게 됐는데, 그 청소기 브랜드는 영국의 발명가이자 기업가인 제임스 다이슨이 만든 다이슨이었다. 제임스 다이슨은 세계 최초로 먼지 주머니 없는 청소기를 발명했고, 다이슨 청소기는 고가에도 불구하고 우리나라에서 대단한 인기를 끌고 있다. 그는 끝이 안 보이는 법정소송, 자금부족, 남들의 조롱과 의심 속에서도 끝내 성공했다. 수천 번의 실패에도 무릎 꿇지 않은 이유는 그가 처음부터 성공을 확신했기 때문이다.

항공기 조종사의 꿈을 이뤄 여객기를 조종하는 J라는 친구가 있다. 전 직장에 다닐 때 그는 사무실에서 일하면서도 늘 비행기 조종사가 되고 싶다고 말했었다. 휴대전화 고리마저 비행기 모형을 사서 매달고 다녔다. 그러던 어느 날 그가 퇴사를 선언했다. 미국 조종사 학교에 간다고 했다. 1억 정도의 돈을 투자하면 1년 안에 항공기 조종사 자격증을 취득할 수 있다고 했다. 그렇게 그 친구는 꿈을 이루기 위해 미국으로 떠났고, 수년이 흐른 지금 민간 항공기 조종사로 세계 곳곳을 누비고 다닌다. 확신에 찬 오늘의 모습을 그렸던 그 친구에겐 과거에 과감히 결단하기가 아주 쉬웠을 거라는 생각이 든다.

아침 출근길에 늘 스스로에게 이런 질문을 던진다. '내일 만약 죽는다면 오늘 나는 무엇을 할 것인가?' 아침부터 비장하게 내면을 파고든다. 그리고 가장 가슴이 뛰는 한 가지를 떠올린다. 책을 쓰고 책을 읽으며 나만의 메시지를 세상에 전파하는 상상을 한다. 카페에 앉아 바닷가를 내다보며 온갖 영감을 끌어모아 책에 담고 강연을 통해 전달한다. 내가 상상하는 이 장면을 이루기 위해 나는 어느 하루도 대충 살지 않고 가슴 뛰는 곳을 향해 간다. 원하는 모습으로 살아가는 나를 확신하기 때문에 어둠 속에서도 뚜렷하게 밝은 미래가 보이고 강연장에 심장을 뛰게 하는 내 목소리가 들려온다. 그렇게 매 순간 확신이 이끄는 삶을 살아가는 상상을 한다.

세상은 자신이 보고 싶은 대로 보이고, 생각한 대로 현실이 되기 마련이다. 자신을 어떻게 바라보느냐가 삶의 판을 바꾸는 결정적 계기가 된다. 5년 후, 10년 후의 자기 모습을 상상하며 치열하게 도전하는 사람은 상상한 것만을 믿게 되고 결국 이뤄낸다. 네빌 고다드는 《세상은 당신의 명령을 기다리고 있습니다》에서 "의식은 만물의 근원이고 유일한 실체라는 것입니다"라고 했다. 자신이 상상하는 것만 실체라는 뜻이다. 주위 현실 때문에 마음 졸이고 불안해하며 시간을 낭비하지 말아야 한다. 시선을 돌려 진정 원하는 것만 바라보자. 그러기 위해 우선 자신을 고귀한 존재로 바라봐야 한다.

우리가 가진 시간의 가치는 얼마일까? 대부분 사람의 마음속에는 모래시계가 있다. 이 모래시계는 한 달을 주기로 돌아간다. 월급을 받으면 마음속 모래시계를 뒤집어서 다음 한 달을 기다린다. 그렇지만 그 한 달 분량의 모래가 내 가치를 대신할 수는 없다. 삶이 내게 원하는 것이 무엇인지 스스로에게 물어보자. 거대한 무언가가 떠올랐다면 심장이 세차게 뛸 것이다. 그 느낌을 평생 가져갈 수 있는 일을 해야 한다.

원대한 꿈을 꾸면서도 잊지 말아야 할 것은 우리가 현실이란 대지 위에 두 발을 딛고 있다는 것이다. 꿈만 꿔서는 목표를 이룰 수 없다. 밑바닥에서 정상까지 오를 계단을 만들어 한 단계 한 단계 딛고 올라가야 한다. 그냥 날아가는 것이 아니라 땅을 딛고 날아오르는 방법을 배울 수 있다면 더욱 높이 비상할 수 있다. 눈이 소복이 쌓인 길을 걸어갈 때 신발이 눈 속에 푹푹 빠지던 경험을 해봤을 것이다. 이때 먼저 간 사람의 발자국을 따라가면 걷기가 훨씬 수월하다. 자신이 어디로 가야 할지 알고 그 길을 먼저 간 사람이 있다면, 그의 발자국을 따라 걸으며 시간을 벌어야 한다.

"머릿속에 든 지식은 도둑이 와도 훔쳐갈 수 없다. 사람은 자고로 배워야 한다." 어렸을 적 아버지께서 늘 내게 하셨던 말씀이다. 머릿속에 든 지식은 누구도 가져갈 수 없다. 다만 내게 대가를 지불하고 배워 갈 수는 있다. 어떤 물건을 판매하든지 자본을 투자하지 않고 이윤을 얻기는 힘들다. 설령 무형의 노하우나 지식을 판매하더라도 이를 배우기 위해 먼저 시간과 돈을 투자해야 한다. 무언가를 배워 내 것으로 만들기 위해서는 먼저 투자가 우선되어야 한다.

돈을 절약하기보다 시간을 벌어야 한다. 현명한 절약은 큰돈을 투자해서 되도록 빨리 큰 목표를 달성하는 것이다. 대출을 받아서라도 자기계발에 과감하게 투자해야 한다. 대출을 받는다는 것은 스스로의 비전을 높이 평가했다는 증거다. 얼마 안에 빚을 갚을 수 있을지 주판을 튕기지 않아도 된다. 이미 투자한 만큼 능력에 고스란히 녹아 있기 때문이다. '경험이 자산이다'란 말이 있다. 돈을 빌리고 갚아가는 과정에서 비전이 확고해지고 무형의 자산이 자신 안에 차곡차곡 쌓여 메시지로 전파될 날을 기다린다는 것을 명심하자.

어느 날 회사 앞 하천을 걸어 퇴근하던 길이었다. 어두운 그 길을 걸을 때면 마음속에서 늘 이런 외침이 들려온다. '진호야, 넌 잘하고 있다!' 너무나 선명하게 그것도 큰 소리로 들려온다. 깜짝 놀라 주위를 둘러보면 아무도 없다. 무섭기도 했지만 내 마음에 귀를 기울이니 곧 내 안의 울림이란 것을 알았다. 잠시 눈을 감고 뜨면 마치 내가 원하는 모습이 되어 있는 미래로 와 있다는 느낌이 든다. 미래의 그 장면으로 한 발 한 발 내디디며 걸어 들어간다. 스스로에 대한 확신을 가지고 나아간다. 이미 이루어진 백만장자 메신저로서의 삶이 하천을 걷는 장면과 겹쳐지다 하나가 된다.

누구나 도전을 두려워한다. 심지어 대출을 받아서라도 자기계발을 하라는데 어느 누가 거부감이 안 들까. 하지만 이미 그 두려움을 뛰어넘어 위대한 경지에 오른 사람들이 하나같이 같은 말을 하고 있다. 가치를 따라 자신의 발걸음을 돌려야 한다고. 기회가 왔을 때 과감히 부여잡고 한 호흡에 나아가야 한다. 흐름이 이어지도록 꾸준히 이어가야 한다. 만약 돈이 필요하다면 대출을 받아서라도 자기계발의 흐름을 이어줘야 한다. 성공한 자신의 모습에 초점을 맞추고 다른 곳에 시선을 두지 말아야 한다. 마음밭에 원하는 생각만 자라날 수 있도록 나쁜 생각의 잡초를 제거하고 과거와 결별해야 한다. 그러면 이미 이루어진 성공을 바라보며 원하는 방향으로 계속 나아갈 수 있다.

07

적는 자가 살아남는다

'적자생존'이라는 말을 모르는 사람은 없을 것이다. 이 말을 나는 '적는 자가 살아남는다'라고 해석한다. 현대 사회에서 메모의 중요성을 잘 표현한 말이다. "남자한테 참 좋은데 표현할 방법이 없네"는 천호식품 김영식 회장의 트레이드마크가 되다시피 한 광고카피다. 김영식 회장은 적자생존의 대표적 인물이다. 항상 수첩을 갖고 다니며 수시로 메모를 한다. 그는 좋은 메시지를 듣거나 좋은 글을 읽을 때마다 수첩에 적어놓는다. 심지어 방송 촬영 중 번뜩하는 아이디어를 기록하다가 NG를 냈을 정도라고 한다.

성공하는 사람들은 기본적으로 메모하는 습관을 가지고 있다. 순간순간 머리를 스치는 아이디어를 놓치지 않는 최고의 방법이 기록이기 때문이다.

"진호야, 넌 이런 자세로 살면 성공할 거야!"

카투사로 복무하던 시절 미 육군 우수보병 휘장인 EIB(Expert Infantryman's Badge)를 따기 위해 테스트를 받던 때에 선임에게 들었던 말이다. 사격, 독도, 체력검사를 비롯하여 수많은 과제를 모두 통과해야만 화승총을 형상화한 배지 하나를 받을 수 있었다. 미군과 함께 일하며 이 배지를 따는 것은 일종의 명예이기 때문에 사력을 다해 모든 테스트에 합격하려 노력했다. 작은 수첩과 볼펜을 들고 조교가 실습 과제 시범을 보일 때마다 하나하나 세세하게 기록했다. 그림까지 그려가며 모든 사항을 자세히 적었고 이를 바탕으로 머릿속에서 수없이 연습했다. 그리고 실제로 영예롭게도 단번에 EIB를 획득했다. 수첩에 꼼꼼히 메모한 덕에 수많은 과제에 모두 합격할 수 있었다.

버진그룹의 창업자이자 회장인 리처드 브랜슨은 평소 수첩에 할 일들을 꼼꼼히 메모한다. 그는 사람들에게도 항상 수첩을 들고 다니며 할 일 목록을 적으라고 한다. 마주치는 모든 것에 관심을 가지고 세세하게 기록하라고 강조하면서, 기록해야만 시간이 흐른 뒤에도 기억해서 개선할 수 있다고 충고한다. 그의 저서 《리처드 브랜슨 비즈니스 발가벗기기》의 겉표지를 넘기면 안쪽에 면지가 나오는데 이곳에 할 일 목록들이 빼곡히 적혀 있다. 회장인 그도 얼마나 노력하고 있는지 한눈에 느낄 수 있었다. 그 책의 한 구절이다.

> 나는 어딜 가나 수첩을 들고 다닌다. 때로는 철학적인 문구들을 써넣곤 하지만 대부분은 이런 식이다. '더러운 카펫. 보풀. 선미 부분 지저분함. 스테인리스 스틸, 꾀죄죄함. 메뉴, 실망스러움. 마이애미에서 돌아올 때 일등석 메인코스인 가재가 왕새우로 바뀜. 치킨커리 맛없음. 치킨은 커다란 덩어리로 잘라야 함. 밥이 푸석거림. 치즈 접시에 스틸턴 치즈(Stilton Cheese: 영국산 고급 치즈)라고는 눈을 씻고 보아도 안 보임.' 지루하고 따분하지만 반드시 필요한 필수적인 기록들. 누구나 쓸 수는 있지만 실제로는 아무도 하지 않는 것들이다.

기록하려 하면 보이지 않던 것들이 보이고, 문제가 있다면 해결책을 찾을 수 있다. 그저 스쳐 지나갈 수 있는 것이지만 수첩에 메모하고 해결하면 가치가 더해진다. 사람의 기억력은 한계가 있기 때문에 기억에만 의존해서 일을 처리했다가는 낭패를 보기 쉽다. 이때 상세하게 기록해놓은 수첩을 가지고만 있어도 기억을 더듬느라 낭비하는 시간을 줄일 수 있다.

가끔씩 길을 걷다 나도 모르게 문득 좋은 생각이 떠오를 때가 있다. 이런 순간에 기록하지 않고 기억하려 한다면 십중팔구 일주일 후에는 새로운 생각이 났다는 것조차 까맣게 잊고 말 것이다. 아이디어를 기록하면 그다음 단계를 자연스레 상상하게 되므로, 번

뜨이는 생각을 기록하지 않으면 다음 발걸음을 스스로 막고 있는 것과 같다고 하겠다.

현재 부동산 관련 PR 에이전시의 소유주이자 재무 컨설팅, 기업가, 투자가로 주목받고 있는 라이너 지델만 역시 《무엇이 당신을 부자로 만드는가》에서 아이디어를 기록하라고 강조했다.

> '아이디어 로그(Idea Log)'에 떠오른 아이디어를 모두 적어두도록 하라. 머릿속에 떠오른 아이디어는 모두 적어두도록 습관을 들여야 한다. 그 아이디어를 실현할 방법을 확실히 알지 못하더라도 마찬가지다. 오히려 그럴수록 아이디어는 기록해두는 편이 좋다.

아침에 일어나서, 길을 걷다가, 강연을 듣다가 전구에 불이 '반짝' 하고 켜지는 것처럼 평소 고민하던 문제에 대한 해답이 갑자기 나타날 때가 있다. 일기에 쓰고 수첩에 적어두었던 문제들에 대한 해답을 주로 그렇게 문득 찾게 된다. 설령 기록해놓은 모든 문제에 대해 당장 답을 찾는 것은 아닐지라도, 중요해서 반복적으로 생각하고 기록한 문제는 반드시 해결방안을 찾게 된다. 이것이 기록의 중요성이다.

아이디어를 기록하고 어떻게 실현할 것인지 답을 찾았다면 다음 단계는 실천이다. 아무리 기발한 아이디어도 실천해야 결과를 알 수 있다. 생각만 해서는 겉으로 드러나는 결과물을 얻어낼 수 없다. 생각을 품고 행동으로 옮겼을 때에야 비로소 성과를 낼 수 있다.

누구나 어렸을 적 퍼즐을 맞췄던 기억이 있을 것이다. 완성된 그림을 한 번 보고 나서 흩어져 있는 퍼즐 조각을 이리저리 돌려가며 궁리를 했었다. 거의 다 맞췄는데 퍼즐조각이 부족할 때가 있어 한참을 찾고 뒤져 겨우 찾아내 완성하기도 했다. 삶의 경험은 퍼즐의 조각과 같다. 이 조각들이 모여 인생이 되고 완성된 그림이 되는 것이다. 성공할 때도 있고 실패할 때도 있다. 희열에 찰 때도 있고 좌절할 때도 있다. 좋은 순간만이 내 삶인 것은 아니다. 나쁜 순간도 모두 내 삶이다. 모든 경험이 각각의 퍼즐조각이 되어 완전한 나를 만들어준다.

생각하면 즉시 실천에 옮겨 삶의 퍼즐 조각을 만들어야 한다. 성공이든 실패든 빨리 피드백을 얻어야 다른 방법으로 도전할 수 있다. 승리와 패배를 가르는 요인은 실천임을 기억해야 한다. 에디슨이 1만 번의 실험 끝에 마침내 전구를 발명할 수 있었던 이유는 목표를 향해 끊임없이 도전했기 때문이다. 에디슨이 그랬듯이 이미 성공한 자신의 모습을 그리며, 시행착오는 단지 더 많은 예외사례를 밝혀내는 과정이라고 생각해야 한다. 그러면 아이디어는 즉시 행동으로 이어지고 짧은 시간 내에 성과로 돌아온다.

군대를 제대하고 복학했을 때 학과 공부를 따라가는 게 힘이 들자 종이에 '전 과목 A+ 받기'라는 목표를 써서 벽에 붙였다. 그 후 목표를 어떻게 이뤄야 할지 고민하기 시작했다. 잘하는 어학 분야 수업 위주로 수강신청을 해서 수업을 들었다. 매일 아침 벽에 붙여 놓은 목표를 소리 내어 읽고 자기암시를 걸었다. 그리고 모든 수업 전에 일찌감치 도착해서 맨 앞자리에 앉았다. 교수님의 강의를 한 마디도 놓치지 않기 위해 수업 그 자체에 몰입했다. 성실하게, 때로는 무식하게 며칠 밤을 새워가며 시험공부를 한 끝에 드디어 전 과목에서 A+를 받을 수 있었다. 목표를 글로 쓰면 이뤄진다. 목표 달성 방법을 찾아 실천하고 미친 듯이 노력하기 때문이다.

어떤 아이디어든 일단 수첩이나 종이에 써보자. 아무리 작은 생각이든 원대한 계획이든 먼저 종이에 써야 한다. 어떤 아이디어가 어디에 어떻게 응용될지 짐작할 수 없고, 아무리 커 보이는 목표라도 글로 쓰고 세부단계별로 쪼개면 작은 것부터 하나씩 이뤄낼 수 있다.

수첩에 쓴 내용은 머리로 기억한 것보다 더 자주 보게 되니 기억이 잘 된다. 그래서 쓴 대로 행동할 확률이 훨씬 높다. 어렸을 적 과학 시간에 막대자석으로 철가루를 붙여본 적이 있을 것이다. 자석을 철가루 가까이에 갖다 대면 자석이 움직이는 방향대로 움직이다가 더 가까워지면 자석에 달라붙는다. 이루고자 하는 목표가 있어 자신의 길을 갈 때 자석에 철가루가 붙듯이 머릿속으로 아이디어가 쏙쏙 들어올 때가 있다. 수첩을 항상 가지고 다닌다면 소중한 철가루를 빠짐없이 모을 수 있을 것이다. 그리고 그 아이디어들은 당신이 꿈 길을 걸을 때 속도를 높일 수 있게 도와줄 것이다. 아이디어 수첩을 항상 가지고 다니자. 그리고 아이디어를 수집하고 행동으로 옮기는 촉매제로 써서 더욱 빨리 목표와 꿈에 닿도록 하자.

08

받은 것보다 더 많이 주어라

지인의 어머니는 베푸는 사람이다. 그 집에 놀러 갈 때면 언제나 진수성찬을 차려주시고 돌아올 때도 이것저것 챙겨주신다. 내가 대학생이었을 때는 자취하는 사람이라며 밑반찬 등 실생활에 필요한 것들을 바리바리 싸주셨다. 그때 나는 처음으로 받는 것 이상으로 베풀어야 한다는 것을 알게 됐다. 많이 받으면 받을수록 뒤에 가선 내가 더 주지 못한 것에 대한 후회가 밀려온다. 그래서 그 지인의 부모님 댁에 들를 때면 나도 늘 양손에 선물을 가지고 가곤 했다.

2013년 하반기에 삶의 대전환점을 지나고 나서 내 삶의 태도가 180도 변했다. 어느 한순간이라도 내가 사랑하는 사람에게 사랑을 표현하지 못한 것이 후회되지 않도록 줄 수 있는 모든 것을 주려고 했다. 특히 나와 가장 친한 대학 선배이자 가족 같은 형에게 여러 권의 책을 선물했다. 삶을 바꾸고 운명의 판을 뒤집을 만한 위대한 책을 알게 되면 그 형이 생각나 서울에 들를 때마다 형을 만나 책을 선물했다.

내가 하고 싶은 일을 시작하며 순간순간들이 슬로비디오처럼 기록되고 있음을 직감했을 때 내 주위 사람들에게 사랑을 베풀어야 함을 절실히 깨달았다. '지금 여기 내 앞에 있는 사람이 가장 소중하다'라는 말을 자주 들었지만 가슴에 와 닿진 않았었다. 서른세 살이 되어서야 이 말의 의미를 경험으로 힘들게 알게 됐다.

매 순간이 소중하기에 끝의 관점에서 '지금 나는 무엇을 해야 할까?'라는 질문을 자주 했다. 끝에 가서는 내 이름과 내가 전한 사랑만이 사람들 기억에 남을 것이기 때문이다. 나를 기억해줄 사람들을 위해 받기 전에 주는 것이 기뻤다. 그래서 태극권 도장에 갈 때면 관장님, 사범님, 도반들께서 좋아하는 것을 기억해뒀다가 하나씩 사가곤 했다. 어떤 날은 태극권 도장에서 보이차 한 통을 샀다. 한 통엔 동그랗고 편편하게 다져진 보이차 7편이 들어 있었다. '과운화향'이라는 초록 사과 맛이 나는 가장 향이 좋은 보이차였는데 꽤 거금을 들여 산 것이다. 그토록 맛있는 차를 나 혼자 즐기기엔 아까워서 보이차를 판매한 태극권 도장에 한 편을 기증했다. 다들 놀라워하셨지만 나에게는 당연한 일이었다. 태극권으로 나의 건강을 지켜주고 가장 힘든 시절 알게 모르게 나를 다독여준 분들을 위해 작지만 성의를 보이고 싶었다. 그 후에도 생각날 때마다 작은 선물을 했다.

과거에는 사랑을 할 때 계산을 하는 습성이 있었다. '내가 이만큼 해줬으니 너도 이만큼 해줘야 한다'라는 생각을 가지고 살았다. 먼저 받고 나중에 주겠다는 좁은 마음만 가지고 살았던 것 같다. 그랬음에도 전 여자 친구는 늘 먼저 주고 진정으로 사랑을 베풀어줬다. 진심으로 아껴주고 나보다 더 나를 사랑하고 챙겨줬다. 아무도 신경 쓰지 않았고, 나마저도 관심이 없던 내 생일을 챙겨준 유일한 사람이 바로 그녀였다.

법륜 스님이 쓴 《스님의 주례사》를 보면 결혼할 때 배우자를 대하는 마음가짐이 마땅히 어떠해야 하는지 배울 수 있다.

> "내가 온전한 상태에서 상대와 관계를 맺을 때 상대에게 도움을 줄 수 있습니다. 내가 온전하기 때문에 상대에게 기대하는 것이 없습니다. 기대하는 것이 없기 때문에 상대를 더 잘 이해하고 상대에게 도움을 주는 사람이 될 수 있습니다. 베풀어 주겠다는 마음으로 결혼하면 길 가는 사람 아무하고 결혼해도 별문제가 없습니다. 하지만 상대에게 덕을 보겠다는 생각으로 고르면, 백 명 중에 고르고 골라도 막상 고르고 나면 제일 엉뚱한 사람을 골라 결국엔 후회하게 됩니다. 그러니 결혼생활을 잘 하려면 상대에게 덕 보려고 하지 말고 '손해 보는 것이 이익이다'는 것을

확실하게 알고 새겨야 합니다."

상대에게 바라는 것이 많으면 내가 해준 만큼 받지 못했을 때 아쉬움이 남는다. 과거의 나는 늘 그랬던 것 같다. 생색내기 좋아하는 나쁜 습관 때문에 누군가에게 뭔가를 줬는데 그만큼 내게 보답하지 않을 땐 눈치를 주고 싶지 않아 애써 어색한 상황을 회피했다. 돌려받지 못한 것에 대한 응어리가 남아 그 사람과 함께 있기가 약간 거북했기에 부딪히지 않으려 한 예방책이었다. 더 많이 주고 설령 돌려받지 못하더라도, 또는 손해를 보더라도 먼저 줄 수 있는 마음을 가지게 된 건 힘든 경험을 하고 나서부터다. 마음을 열어 진짜 사랑을 준다는 것이 어떤 의미인지 늦은 나이에 깨달았다.

'인사'는 다른 사람의 존재를 먼저 인정해주는 행위다. 나는 인사하기를 좋아한다. 고등학생 때는 선생님이나 친구를 복도에서 마주치면 잊지 않고 늘 인사를 했다. 언젠가 수학 선생님께서는 내 손을 꼭 잡으며 "앞으로도 지금같이 인사를 잘 하는 좋은 사람이 돼라"고 말씀하셨다. 내가 인사를 하면 친구들은 웃으며 화답했고 선생님들은 나를 기억해주셨다. 다른 사람들이 먼저 나를 인정하기 전에 나는 늘 먼저 인사를 해서 그들의 존재를 인정해줬다.

대접받고 싶다면 대접할 줄 알아야 한다. 남을 배려하는 사람이 남으로부터 배려를 받는다. 무언가 얻고 싶은 게 있을 때 대가가 따르는 건 일종의 법칙이다. 때로는 준다고 해도 바로 받지 못할 수도 있다. 원인에서 결과까지의 '버퍼링' 시간이 길어져서 생각보다 늦어질 수도 있다. 그래도 목적 없이 먼저 줘야 한다. 자신이 가진 것을 나누는 행위는 고귀하다. 물질이든 지식이든 나눈다고 해서 마냥 줄어들지는 않는다. 언젠가 다시 채워진다는 믿음을 가져야 한다. 마음을 비우고 비워진 곳간이 채워져 있는 상상을 할 때에야 오랜 시간 이어질 수도 있는 버퍼링을 즐길 수 있다.

비즈니스를 파고들면 종국엔 사람 대 사람이 남는다. 기업과 고객의 관계도 추적해보면 개인과 개인 간의 거래로 이해할 수 있다. 사람들은 어떤 기업의 정책과 행보에 주의를 기울이며 누가 결정을 내렸는지 관심을 가진다. 우리가 흔히 직장에서 어떤 지시를 내린 주체가 윗선 누구인지 추적하는 것과 비슷하다. 가격을 인상하고 제품의 무게를 줄이면서 얄팍한 수를 쓴 기업은 그 의도를 소비자가 단번에 알아차린다. 반면 무료서비스를 제공하며 체험의 기회를 주는 기업에겐 친근감을 느낀다. 기업의 결정 뒤에는 늘 누군가의 철학이 담겨 있기 마련이므로 소비자는 그 결정을 내린 사람의 영향을 직접적으로 받는다.

부자는 부에 대한 마인드가 남다르다. 그들은 먼저 내어놓은 후에야 얻을 수 있음을 안다. 인터넷 전자상거래 기업 알리바바의 기업공개(IPO) 이후 2014년 중국 최고 부자가 된 마윈 회장은 자산이 195억 달러(약 20조 원)에 이른다. 그는 1999년 50만 위안(약 8,100만 원)을 가지고 알리바바를 창업했다. 그리고 2003년 전자상거래 사이트 타오바오를 설립했고 3년 동안 무료로 서비스를 제공하겠다고 밝혔다. 무료로 서비스를 제공하면 타오바오는 수익을 전혀 낼 수 없었고, 따라서 알리바바가 B2B 분야에서 벌어들인 돈을 쏟아 부어야 함을 의미했다.

중국을 대표하는 베스트셀러 작가 장샤오형의 《마윈처럼 생각하라》에서 마윈은 다음과 같이 말했다.

"중국의 C2C시장은 지금 파이를 키우는 단계입니다. 우리는 무료서비스를 통해 더 많은 잠재적 고객을 확보할 수 있습니다. 말을 타고 달린 땅이 모두 내 것이 되는 것처럼요."

이 얼마나 멋진 말인가! 종일 달린 모든 땅이 내 것이 되는 상상을 해보자. 이와 동시에 얻기 전에 먼저 무엇을 내어놓을 것인지 생각해보자. 무언가를 얻고자 할 때는 늘 대가가 따른다. 뒤늦게 대가를 지불하기 전에 먼저 대가를 지불하는 건 어떨까? 먼저 희생하고 나중에 받는 것이다. 내게 유일한 능력이 가치를 전파하는 힘을 지니기 위해서는 숙성되는 시간이 필요하다. 부자가 되기 위한 학습을 지속하며 실천한 사람은 결국 부유한 삶을 살게 되어 있다.

성공이든 누군가에게 받을 보답이든 그저 주어지는 것은 없다. 그러므로 받은 것보다 더 많이 돌려줘야 한다. 아니 받을 것보다 더 많이 줘야 한다. 더 많이 주고 나서는 잊어버려라. 그래야 가슴 속에 사랑만 가득 차오르고 다른 사람의 마음을 얻을 수 있다. 더욱 크게 생각하고 멀리 바라보자. 멀리 가려면 함께 가야 한다고 했다. 오늘 하루 먼저 다 주지 못한 사랑이 남았는지 잠들기 전에 살펴보자.

09

돈도 자기를 알아주는 사람을 좋아한다

'8.7킬로그램.' 5만 원권 1만 장, 현금 5억 원의 무게다. 웬만한 아파트 한 채를 살 수 있는 액수로, 무게가 상당하다. 5만 원권이 세상에 처음 등장한 때는 2009년 6월 23일이다. 그 후 현재 회사에 입사하여 은행권을 인쇄하는 현장에 방문할 일이 몇 번 있었다. 그때마다 팔레트 위에 쌓여 있는 5만 원권을 목격했다. 5만 원권이 1,000장이면 한 손으로 딱 쥐기 좋을 정도다. 이 묶음이 열 개면 8.7킬로그램이고, 5억 원이 된다. 부피는 크지 않은데 액수가 5억 원이라니 신기할 따름이었다. 그러다 대체 한 팔레트 위에 쌓인 5만 원권의 금액은 얼마나 될까가 궁금해졌다. 계산해보니 자그마치 200억 원이었다. 5억 원 뭉치가 마흔 개만 있으면 되는 금액이다.

뭉칫돈을 만져보고 금액을 환산해보니 재미가 있으면서 과거에는 좀처럼 접할 수 없었던 거액을 직접 눈으로 보니 신비롭기까지 했다. 게다가 빌딩을 살 수 있는 액수의 현금이 눈앞에 있으니 돈이 물리적으로 얼마나 필요한지 감이 명확하게 왔다. 5만 원 신권이 공장에서 생산되는 제품으로 팔레트 위에 쌓여 있는 광경을 이처럼 쉽게 목격할 수 있는 사람이 몇이나 되겠는가. 그런데 나는 어떤 운이 따랐는지 그런 광경을 몇 번이고 볼 수 있었다. 물리적인 돈 자체에 대한 거부감이나 거리감을 직업적 특수성 덕분에 떨쳐내는 게 쉬웠다. 돈 종이에 인쇄를 하고 번호를 찍은 후 우리가 현재 쓰는 낱장 크기로 자르는 공정까지 모두 볼 수 있어서 돈의 탄생 과정을 상세히 알게 됐다. 그만큼 일반인보다 돈을 더 잘 이해하고 나아가 친근하게 대할 수 있었다.

무엇이든 이해하면 능숙해지고, 능숙해지면 자신감이 생긴다고 한다. 가령 어떤 업무를 하는데 이해도 못 하는 업무라면, 그 일을 어떻게 능숙하게 할 수 있겠는가. 물론 빨리 하는 사람이 있을 수는 있겠지만 순서를 바꿀 수는 없다. 돈에 대해 두려움이나 증오, 싫어하는 감정을 없애기 위한 가장 좋은 방법은 돈을 이해하는 것이다.

'돈 냄새'를 맡아본 적이 있는가? 흔히 '돈의 흐름'을 잘 읽는 사람을 두고 '돈 냄새'를 잘 맡는다는 표현을 쓰곤 한다. 실제로 주화나 은행권에는 고유의 냄새가 존재한다. 주화에는 여느 금속 덩어리처럼 무덤덤한 느낌의 냄새이긴 하지만, 주화만의 독특한 냄새가 존재한다. 지폐인 은행권은 코를 박고 냄새를 맡으면 잉크 냄새가 은은하게 풍겨온다. 마치 창호지에 풀을 바른 후 말린 것 같기도 하고, 무심한 것 같으면서 미세하게 톡 쏘는 것같이 느껴지기도 한다.

이처럼 무게나 냄새를 살펴보며 돈을 이해하는 과정은 누구에게나 필요하다. 돈을 이해하면 결국 좋아하게 된다. 좋아하면 더 많이 모으기 위해 노력하게 되고, 그 과정에서 경제 활성화에 도움이 된다. 왜냐하면 경제의 순환, 부의 흐름은 돈이 혈액처럼 잘 흐를 때에야 원활하게 진행되기 때문이다. 신문에선 늘 돈이 잘 돌아야 경기가 활성화된다고 한다. 맞는 말이다. 돌고 도는 게 본성인 돈이 순환하지 않고 묶여 있으면 경제가 침체되는 것은 불을 보듯 뻔한 일이다. 이렇듯 돈이 잘 도는 것은 매우 중요하다. 순환이 돈을 모으는 원리임을 이미 알고 있는 개인들의 꿈이 집중되면 그와 똑같은 거대한 힘이 경제에 작용할 것이다.

돈을 이해하고 좋아하는 이유는 원하는 만큼 모아서 경제적으로 여유롭게 살기 위함이다. 이때 가장 중요한 것은 마음의 시선이다. 내 마음이 가난을 향하고 있는지 풍요와 부유함을 향하고 있는지 살펴봐야 한다. 사람은 마음의 시선이 머무는 곳에 신경을 쓰게 되고 시선이 머무는 그곳에서 보이는 것을 얻고 이루기 위해 행동하게 된다. 좋은 것이든 나쁜 것이든 자주 보고 생각하며 느끼는 것을 삶으로 끌어들이게 되어 있다.

기분이 좋으면 어떤 일이든 잘될 것 같다. 반대로 기분이 나쁘면 무엇 하나 제대로 되는 것 같지 않아 가슴이 답답하다. 부유함을 바란다면 기분이 좋아야 한다. 느낌은 영혼이 보내는 신호다. 자신의 길을 가고 있는지, 즉 소명에 따라 살고 있는지 알려주는 느낌에 주의를 기울여야 한다. 그리고 기분을 나쁘게 하는 것에서 마음의 시선을 모두 거둬야 한다. 가난이나 결핍이 조금이라도 존재했던 과거와 영영 결별해야 한다. 그렇지 않으면 좋은 느낌을 가지는 것이 불가능하고, 도리어 불쾌한 느낌을 갖게 되며 원하지 않던 일이 발생한다.

자신의 마음을 따르고 의지를 온전히 통제할 수 있을 때에야 비로소 원하는 것을 삶으로 끌어들일 수 있다. 이는 모든 일에 해당하는 원칙이다. "해보기나 했어?"란 말로 유명했던 고 아산 정주영 현대그룹 명예회장의 책 《실패는 있어도 시련은 없다》는 제목에서부터 그의 강한 신념을 드러내고 있다. 신념이 강한 사람은 불굴의 의지를 발휘하여 모든 노력을 기울인다. 그리고 기적을 창조한다. 마음을 따르고 의지를 온전히 통제한다는 것은 머릿속에 그려진 원하는 이미지에 대해 추호의 의심도 없이 믿고 따른다는 것이다. 이미 이루어졌다고 믿기 때문에 엄청난 노력을 쏟아 붓는 것이 아깝지 않다. 이미 성공을 확신하므로 성공을 향한 속도를 높이는 것에만 집중한다.

상상하면 꿈이 현실이 된다. 상상할수록 미래의 성공 장면은 더욱 선명해지고 실제로 이미 성공한 것처럼 느낄 수 있다. 가슴을 뛰게 하는 그 느낌에 집중하기 위해서 이루고자 하는 것을 상상하자. 컬러 사진이나 동영상을 보듯이 말이다. 월러스 워틀스는《부자가 되는 과학적 방법》에서 마음속 이미지의 중요성에 대해 이렇게 이야기했다.

> 갖고 싶은 것, 하고 싶은 것, 되고 싶은 것을 마음속에 분명한 이미지로 갖고 있어야 한다. 이 이미지를 마음속으로 확고히 하고 이러한 모든 소망을 갖도록 허락해준 신에게 깊이 감사해야 한다. 부자가 되고자 하는 사람은 자신이 갖고 있는 비전을 항상 생각하고 그 비전이 실현되고 있음을 진실로 감사하며 여가 시간을 보내야 한다. 불굴의 신념과 지극한 감사의 마음을 가지고 마음속의 이미지를 곱씹어보는 것의 중요성은 말로 다 표현할 수 없을 정도다. 마음의 이미지가 무형의 근원물질에 전달되어 창조적인 힘이 작동하게 되는 과정이기 때문이다.

돈도 자기를 알아주는 사람을 따른다. 그래서 '돈은 아는 만큼 모인다'고 하는 것이다. 돈을 이해하고 사랑해야 한다. 돈을 모을 수 있는 마음의 운용방법에 대해 공부하고 실천해야 한다. 결핍과 가난이 끼어들었던 과거와 결별하고 마음 그릇에서도 내쫓은 후 그 안에 긍정과 풍요로움만 채워 넣어야 한다. 외부의 시선과 감각이 전해오는 불가능의 신호를 받아들여 스스로의 한계를 정하지 말고, 내면에서 우러나오는 소망을 실현하는 데 집중하자. 삶은 눈부시도록 찬란하고 우리 각자는 고귀한 존재다. 이 사실을 받아들이고 믿는 그대로 살아가는 데에만 집중해야 한다. 순간순간을 붙잡고 싶을 정도로 소중한 시간이 될 것이다.

원하는 것만 생각하고 상상하며 끊임없이 꿈을 이루기 위해 행동하고, 스스로 믿는 바대로 살아야 한다. 한 번밖에 없는 삶이 아깝지 않은가? 지금 이 시간이 소중하고 우리 각자는 둘도 없이 고귀한 존재다. 더는 머뭇거리지 말고 심장이 시키는 대로 움직여야 한다.

• 4장 •

돈이 따라오는
사람들의 남다른 습관

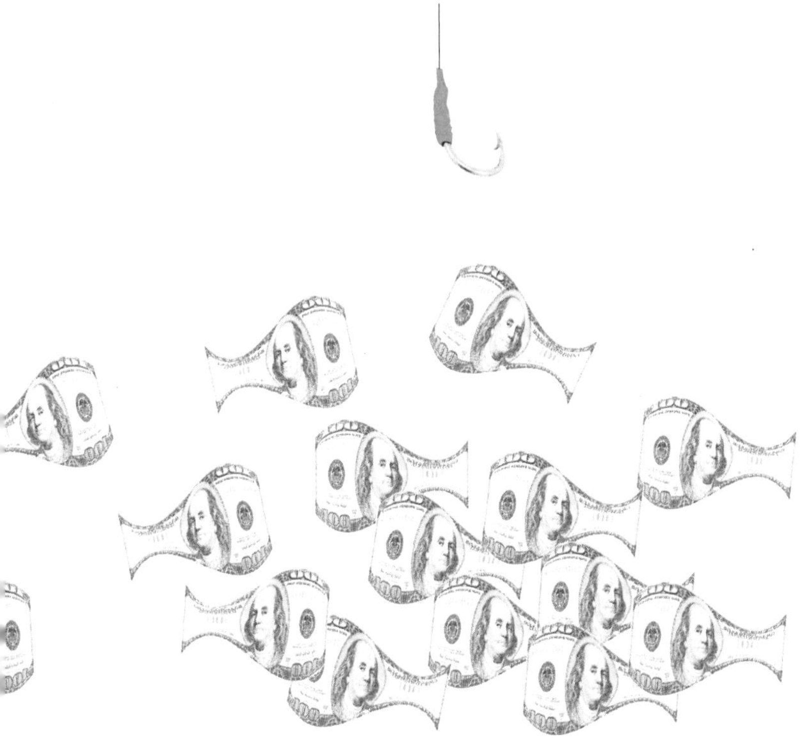

01

구겨진 돈은 정성껏 다림질한다

아주 가끔씩, 세탁기가 윙윙 돌아가는데 깜짝 놀랄 때가 있다. 호주머니에 넣어놓은 돈이 떠올라서다. 세탁을 마치고 나면 함께 넣어둔 영수증은 흔적도 없이 짓이겨져 주머니 이곳저곳에 덕지덕지 붙어 있다. 그렇지만 지폐는 다르다. 색이 바래기는 하겠지만 원래 사각형 모양 그대로를 유지하고 있다. 이유는 원료의 차이에 있다. 둘 다 같은 종이이지만 영수증이나 A4용지 등 흔히 보는 종이는 대부분 원료가 목재다. 반면 '한국은행권'이 정식 명칭인 지폐의 원료는 면이다. 옷을 만들 때 쓰는 목화솜 있잖은가. 지폐도 바로 그것으로 만든다.

돌고 도는 돈이기 때문에 유통 수명을 최대화하기 위해서 내구성이 더 좋은 면을 쓰는 것이다. 물에 젖어도 쉽게 으스러지지 않아서 말리면 원형대로 돌아오며 말렸을 땐 일반 종이처럼 팽창되거나 변형되지도 않는다. 하지만 마구 구기거나 이물질이 묻으면 원래의 지폐는 꾸깃꾸깃해지고 더러워진다. 아무리 같은 사람일지라도 지저분한 옷을 입으면 초라해 보이듯이 돈도 막 다루면 가치가 떨어진다. 그래서 돈도 소중하게 다뤄야 가치가 올라간다.

사람이든 동물이든, 심지어 생명이 없는 물건조차도 그것을 대하는 사람의 숨결이 그대로 반영된다. 마치 거울에 비친 것처럼 사람, 동물, 물건에서 모두 자신의 모습을 찾을 수 있다. 때로 어떤 사람이 싫다고 느껴지는 건 그 사람 안에서 자신이 가진 단점을 봤기 때문이기도 하다. 그 단점 탓에 겪었던 일이 유쾌하지 않을수록 거부감이 커진다. 부모가 자녀를 야단칠 때도 자녀에게서 자신이 싫어했던 자기 단점을 보았기 때문인 경우가 많다. 부모는 자녀가 잘되기를 바라며 혼을 내지만, 부모의 마음속 자아상이 올바르지 않은 상태라면 자녀를 변화시키기는 힘들다. 반대로 어딘가 끌리는 사람은 그에게서 나의 장점 또는 내가 좋아하는 점을 은연중 발견했기 때문이다. 모든 것은 내면에서부터 시작되는 것이다.

돈을 대할 때도 마음의 상이 그대로 반영된다. 돈을 하찮게 대하는 사람은 수중의 지폐도 지갑 없이 호주머니에 아무렇게나 찔러 넣는 습관이 있고, 때로는 어디에 뒀는지 잊어버리기도 한다. 반대로 돈을 귀하게 대하는 사람은 구겨진 돈마저도 빳빳하게 펴고 전, 후, 상, 하, 좌, 우를 맞춰서 장지갑에 가지런히 넣는다. 말 그대로 돈을 정성껏 모시는 것이다.

명절에 주로 마주치게 되는 신권 지폐는 그 느낌이 다르다. 빳빳해서 돈을 셀 때도 '착착착' 돈 넘어가는 소리가 명쾌하게 울린다. 주름도 없고 일련번호도 순서대로 되어 있으며 잉크 냄새까지 고스란히 맡을 수 있다. 새로 태어난 지폐가 어떻게 생겼는지 자세하게 관찰할 수 있는 기회다. 돈을 잘 이해하려면 그 기회를 잘 활용해야 한다. 신권 지폐를 가까이 두며 풍요로움을 미리 경험하면 돈에 대한 긍정적인 느낌이 더해진다.

물건을 살 때 주고받는 지폐를 유심히 관찰해보면 찢어진 지폐, 지갑에 넣지 않아 꾸깃꾸깃한 지폐, 심지어 낙서를 한 지폐도 발견할 수 있다. 함부로 다뤄진 돈은 이를 받는 이로 하여금 눈살을 찌푸리게 한다. 더욱이 손상된 화폐를 교체하는 국가적 비용도 증가시킨다. 〈연합뉴스〉 2014년 7월 8일 자 기사 '한은 상반기 훼손 화폐 17억 원 교환… 사찰연못 동전 475만 원도'를 보면 화폐의 유통 수명을 짐작할 수 있다.

> 한은이 8일 발표한 '2014년도 상반기 중 손상 화폐 폐기 및 교환규모' 자료를 보면 올해 상반기 손상 화폐를 들고 한은 화폐교환 창구를 찾은

시민들이 교환한 금액은 16억 9,100만 원인 것으로 집계됐다. (…) 한 은뿐 아니라 시중은행 창구로 교환 요청이 들어오거나 유통 수명이 다한 화폐까지 합치면 올해 상반기 폐기된 지폐와 동전의 액면금액은 1조 3,620억 원이었다.

참고로 한국은행은 훼손된 지폐에 대해 남아 있는 면적이 원래 크기의 4분의 3 이상인 경우 전액 지급하고 5분의 2 이상인 경우 반액 지급하며, 5분의 2 미만일 땐 무효로 본다. 대개 은행권의 평균 수명이 100개월, 즉 8.3년인데 2007년 신권 지폐를 발행한 후 그 시점이 도래하고 있어 화폐 대체 비용은 앞으로 늘어날 것으로 예상된다.

돈에도 유통 수명이 있다. 우리나라만이 아니라 세계 어디든 마찬가지다. 중국에선 1위안 지폐와 동전이 병용되고 있다. 북방 사람들은 지폐 사용을 좋아하고 남방 사람들은 주화 사용을 선호한다. 그런데 점차 지폐보다 유통 수명이 월등하게 긴 주화 쪽으로 발행량이 증가하고 있다. 인도 또한 10루피의 경우 지폐와 주화가 함께 쓰이고 있는데 지폐의 수명이 9~10개월 정도밖에 되지 않아 주화로의 전면 전환이 이뤄질 예정이다. 호주는 이미 폴리머 은행권을 쓰고 있다. 폴리머는 플라스틱의 일종으로, 내구성이 높고 위폐 방지에도 효과적이어서 이것으로 은행권을 만든 것이다. 베트남은 고액권에만 폴리머 은행권을 사용 중인데 점차 다른 권

종으로까지 사용을 확대해가고 있다. 이처럼 화폐의 유통 수명을 늘이고 발행 비용을 줄이기 위해 각국의 중앙은행들이 고심하고 있다.

그렇다면 돈의 수명을 결정하는 요인은 무엇일까? 은행권의 평균 수명이 100개월이라고 하는데 만약 모든 사람이 지갑에 돈을 가지런히 넣어서 쓰고 소중하게 다룬다면 훨씬 더 길어지지 않을까? 자신을 되돌아보고 돈을 대하는 태도를 바라보자. 자신이 화폐의 수명을 단축시키는 데 기여하지 않았는지 돈을 대하는 평소 습관을 지켜보면 알 수 있다.

형체 없이 숫자로만 존재하는 디지털 화폐가 대세인 시대이지만, 현금이 개인에게 가져다주는 유용성은 전자신문이나 전자책이 종이신문이나 종이책을 대체하지 못하는 것과 같다. 실물이 직접 실어 나르는 그 미묘한 힘을 느낄 수 있기 때문이다. 게다가 현금을 사용하면 결제할 때 직접 돈을 세어야 하기 때문에 얼마가 들고 나는지 수시로 확인할 수 있어 지출 통제가 쉽다. 수익률을 높이는 핵심적인 방법 중에서 비용을 줄이는 게 가장 효과적인 방법 중 하나임은 누구나 알 것이다. 지출 통제를 위해 현금을 사용할 때는 얼마짜리가 됐든 모든 지폐와 동전을 소중하게 다루어야 한다.

태도의 사전적 의미 첫 번째는 '몸의 동작이나 몸을 가누는 모양

새'다. 태양을 보고 걸으면 우리 뒤에 늘 그림자가 따라온다. 우리가 어떤 동작을 취하느냐에 따라 그림자의 형태가 달라진다. 사전적 의미 두 번째는 '어떤 일이나 상황 따위를 대하는 마음가짐. 또는 그 마음가짐이 드러난 자세'다. 그림자가 따라다니며 모양이 변하는 것처럼, 어떤 마음을 가지느냐에 따라 마음의 태도가 시시각각 모두 드러난다. 돈을 대하는 마음의 태도는 행동으로 드러나 부지불식간에 다른 사람의 마음에 전달된다. 그러니 돈에 대한 태도부터 조심성을 갖춰야 한다.

"돈은 그냥 종이가 아니다. 돈은 기운을 모으고 흩어지게 하는 영성이 있다. 돈도 사랑하고 존중하는 사람을 따른다."

돈을 다림질하는 것으로 유명한 어느 국밥집 할머니가 하신 말씀이다. 할머니는 장사가 끝나면 돈 통에다 절을 하고 돈을 다림질하신다. 종교의식처럼 아주 진지하게 진행된다. 신기하게도 태국 국민들 또한 지폐에 인쇄된 국왕 초상이 구겨지면 다림질해서 사용한다고 한다. 그들은 국왕을 정신적 구심점으로 생각한다. 20밧에서 1,000밧까지 다섯 개 권종의 지폐와 모든 주화에 국왕의 초상이 들어 있어 태국 국민의 국왕에 대한 존경심이 어느 정도인지 간접적으로나마 알 수 있다. 돈을 사랑하고 존중하는 국밥집 할머니와 지폐에 그려진 국왕에게 존경을 표하는 태국 국민들의 돈에 대한 태도는 이처럼 남다르다.

다리미판 위에 지폐를 올려놓고 분무기로 물을 뿌린 다음 정성

들여 다림질을 해보자. 면으로 만든 돈은 물만 뿌리고 말려줘도 잘 펴진다. 그렇지만 다림질을 하여 새 돈 같은 빳빳함을 선물해 주자. 엄마가 아이의 외출복을 다려주고 아이가 그 옷을 입었을 때 흐뭇한 미소를 짓는 것처럼 지폐를 향해 정성을 쏟고 미소를 지어보자. 돈을 귀하게 다루는 사람은 자신도 귀하게 다룬다.

자기가 가진 돈을 얼마나 청결하게 유지하는가만 봐도 그가 스스로를 대하는 태도가 어떤지를 미루어 짐작할 수 있다. 돈과 자신을 귀하게 대하는 사람은 다른 사람들이 좋아할 수밖에 없다. 자신을 소중히 다루고 돈을 다림질해서 사람을 낚는 어부가 될 것인가, 아니면 사람도 돈도 멀리하는 미운 내가 될 것인가는 단순한 행위 하나로 결정된다.

02

성공을 위해, 성공한 이들과 함께한다

TV에서 고구마를 씻어 먹는 원숭이를 본 적이 있다. 한두 마리가 아니라 전체 무리가 똑같은 행동을 보였기에 별로 신기한 줄 몰랐는데, 이와 같은 행동이 학습의 결과라는 걸 알았을 때는 놀랍게 느껴졌다.

1953년 일본 교토대 영장류연구소에서 이모라는 암컷 원숭이가 모래 묻은 고구마를 물에 담가 씻어 먹는 모습이 처음으로 목격됐다. 이 방법은 한 달 뒤 다른 원숭이에게 전파됐고, 넉 달 후에는 이모의 어미도 고구마를 씻어 먹었다. 10년 후 이 지역 원숭이들이 모두 따라 했고 하나의 문화가 됐다.

이모라는 원숭이 한 마리가 주위 원숭이들 모두의 행동양식을 모조리 바꿔놓았다. 동물도 이처럼 어떤 무리와 어울리느냐에 따라 영향을 받아 새로운 행동을 익히게 된다. 달리 표현하자면 같은 영장류로서 사람 또한 주로 어울리는 사람의 행동을 모방한다는 것을 기억해야 한다. 대부분의 시간을 어떤 사람과 보내는가가 자신의 행동양식을 결정하게 된다. 그러므로 성공을 원한다면 자신이 되고자 하는 모습을 지닌 사람들과 어울려야 한다.

미국 자동차 회사 포드의 창립자 헨리 포드는 자동차 왕으로 불리는 인물이다. 그는 에디슨을 만나면서부터 눈부신 발전을 이룩했다고 한다. 이에 대해 나폴레온 힐은《놓치고 싶지 않은 나의 꿈 나의 인생》에서 다음과 같이 소개했다.

> 헨리 포드는 매우 가난하고, 배운 것 없고, 세상 물정을 모르는 상태에서 사업을 시작했다. 그러나 불과 10년 만에 그는 이 세 가지 핸디캡을 극복하고 미국 최대의 부호가 되었다. 이 사실은 누구나 잘 알고 있을 것이다. 그런데 이에 첨가하여 또 한 가지 알아두어야 할 것이 있다. 그것은 포드가 눈부시게 발전을 한 시기가 토머스 에디슨과 친구가 되었던 무렵부터였다는 것이다. 이것만 보아도 사람과 사람 사이에서 일어나는 어떤 마음의 교류가 그 성공에 얼마나 큰 영향을 미치게 되는지 잘 알 수 있다.

나에게 2013년은 의미 있는 한 해였다. 그동안의 삶의 방식을 방어형에서 공격형으로 통째로 바꿨기 때문이다. 방어적인 삶을 살았던 과거의 나와 완전히 결별하기 위해 그해 가을엔 온전히 일에 미쳐 있었고, 급격한 삶의 태도 변화를 거치며 많이 힘들었다. 해외영업부서였기에 이 시기 외국 손님들이 연이어 한국을 방문했다. 비록 마음속에선 '방어'와 '공격'이 서로 치고받고 전쟁을 펼치고 있었지만 밤을 새우고 회사에서 잠도 자며 몰입했기에 잡생각이 떠오를 틈이 없었다. 그렇게 가을을 보내고 겨울이 다가올 무렵 공격적인 삶을 살기 위해 인생의 판을 바꿔야 함을 깨달았다. 다시는 과거의 나로서, 이기적이고 무심한 사람으로서 살지 않기 위해 스스로를 사랑하고 믿고 진짜 하고 싶은 일에 도전하기로 했다.

"책 쓰기는 제 필생의 업이에요."

'책은 왜 쓰려고 하세요?'라는 질문에 한 치의 망설임도 없이 했던 말이다. 그랬다. 나는 책 쓰기를 위해 내 모든 걸 걸었다. 주말과 열정 그리고 체력을 모두 바쳤다. 목숨까지 걸고서라도 하고 싶을 정도로 나는 그야말로 미쳐 있었다. 당시 나는 변화가 절실했다. 무엇보다 내 안에 갇혀 있는 무언가를 세상으로 끄집어내야 한다고 생각했다. 구체적으로 그것이 무엇인지는 몰랐지만, 책을 쓰지 않으면 갇혀버린 그 무언가 때문에 평생 괴로워할 것임을 직감했다. 드러내 표현하며 살아야 했고 가장 좋아했던 책 쓰기가 그 방편이 됐다.

2014년 1월 11일부터 책 쓰기 수업을 듣기 시작했다. 콘셉트를 잡고 제목을 정하고 목차를 세우며 사례를 찾고 초고를 쓰기까지 책 쓰기의 모든 것을 배우기 위해 고군분투했다. 그러는 와중에 선배 작가들이 성공해가는 모습을 봤고, 덩달아 내 가슴도 뛰었다. 그들의 성공이 마치 내 일인 양 뛸 듯이 기뻐하고 책이 출간될 때마다 구매하면서 출간을 진심으로 축하했다.

저자 강연회라는 강연회는 모조리 따라다녔고, 어떤 강연회에선 두 시간 내내 서서 저자의 일거수일투족을 머릿속에 집어넣으려 애썼다. 그만큼 나도 책을 써서 강연을 하고 싶었기 때문이다. 2014년 초 지인의 교보문고 광화문점 저자 강연회에서 심상화를 한 끝에 6월 28일 나도 작가로서 같은 곳에서 저자 강연을 할 수 있었다. 베스트셀러 작가가 되기 위해 책을 쓰는 사람들과 늘 함께 있다 보니 책 한 권 쓰는 건 예사가 됐고, 저자 강연은 책을 쓴 후에 하게 되는 당연한 행사로 여겨졌다.

"사람은 자신이 가장 많은 시간을 함께 보내는 다섯 명의 평균치이다."

파일 공유 서비스 드롭박스 창업자이자 서른 살 젊은 나이에 4억 달러 자산을 가진 벤처창업가 드류 하우스턴이 모교인 MIT 졸업 축사에서 한 말이다. 우리는 누구나 주위 사람을 닮아간다. 자신도 모르는 사이에 시나브로 물들어가는 것이다. 마치 다른 사람의 습관을 복사하듯이 사고방식마저 닮아가는 모습에 깜짝 놀랄 때도 있을 것이다. 그래서 원하는 것이 있다면 그 목표를 이미 이룬 사람이나 함께 이루어나갈 사람을 만나야 한다. 그들과 함께 하면 어떤 이끌림에 따라 저절로 서로를 돕고 격려하며 목표를 이뤄가게 된다.

개인 저서인 이 책을 쓰면서 내 체중은 10킬로그램이 넘게 줄어들었다. 너무나 힘이 들어서 밤을 새우면서까지 노력했으나 좀처럼 글이 써지지 않았다. 그러던 중 나보다 먼저 책 쓰기를 배운 작가들이 책을 펴내고 베스트셀러에 오르면서 힘을 얻을 수 있었다. 책 쓰기 워크숍에서 이미 베스트셀러 작가가 된 작가들을 만나고 저서에 사인을 받으며 '나도 할 수 있다!'라는 자신감이 샘솟았다. 그들 대부분은 살인적인 업무 일정에 바빠 도저히 책을 쓰기 어려운 환경에서도 하루에 서너 시간 수면을 마다치 않으며 절실한 마음 하나로 책을 써냈다. 그 절실함이 내게 자극으로 전달됐고 드디어 초고 완성 기한을 선포했다. 지금 이 원고는 그 선포 이후에 폭풍처럼 최소 하루에 한 꼭지씩 쓴 결과물이다.

누군가 이룬 기적은 다른 이에게 꿈을 이룰 힘이 된다. 자신이 원하는 목표를 기적같이 이룬 사람을 찾아가야 한다. 그리고 그 사람에게서 성공 노하우를 배우면 된다. 그리고 그대로 행동해야 한다. 어느덧 그와 같은 경지 혹은 훨씬 앞서 가 있는 자신을 발견하게 될 것이다.

작가가 되고 싶다면 작가들이 모여 있는 곳에서 책 쓰기를 배우며 이미 성공한 작가들을 수시로 만나고 그들을 닮아가면 된다. 부자가 되고 싶다면 부자를 만나야 한다. 책 쓰기 워크숍에 참석해 에너지를 얻듯이 부자가 되고 싶다면 부자 모임에 참석하면 된다. 부자들이 관심을 갖는 곳으로 시선을 돌려보자. 그들이 어디에 관심을 두는지 유심히 지켜봐야 한다. 그리고 그곳으로 가서 그들과 공통된 관심사에 대해 이야기해야 한다.

파주에서 군 복무를 할 당시 벼를 벤 후의 논에 낱알을 먹기 위해 새 떼가 모여 있는 걸 자주 목격했었다. 그냥 기러기인 줄로만 알았던 새는 천연기념물 제325호 개리였다. 이 새들은 하늘을 날아갈 때 V자 모양을 이룬다. 앞장선 개리가 날개를 저어 상승기류를 만들면 뒤에 힘이 약한 개리가 더 쉽게 날 수 있기 때문이다. 이렇게 편대비행을 하면 훨씬 멀리 날아갈 수 있다고 한다. 성공자와 부자를 만난다는 것은 그들에게서 일방적으로 받기만 하기 위함이 아니다. 그들과 함께 나아가기 위함이다. 그들의 상승기류를 받아 욕망을 깨워 저 멀리 목적지까지 함께 전진하기 위함이다. 정말 원하는 것을 이루며 성공하고 싶다면 부자와 성공자를 가까이하고 그들과 함께 편대비행을 하며 날아가야 한다.

03

경조사에는 돈을 아끼지 않는다

자동차 영업사원 K 씨. 그는 고객과 한 번 맺은 인연은 끈끈한 유대관계로 끌어간다. 고객에게 차량을 건네는 것부터 사후관리까지 모든 것을 직접 한다. 경조사는 물론 생일, 집안일까지 관심을 가지고 챙기며 수많은 고객과의 관계를 유지한다. 그는 입사 이후 연봉이 두 배로 올랐다. 한 걸음씩 꾸준히 고객을 향해 내디딘 걸음이 사람들의 마음을 열게 했고 신뢰를 심어준 결과다.

과거 어느 보험 영업사원의 한 달 평균 고객 경조사비가 1,000만 원을 훌쩍 넘는다는 이야기를 들은 일이 있다. 그녀는 수천 명 고객의 경조사며 생일을 모조리 꿰고서 카드와 선물을 잊지 않고 보낸다고 했다. 나 또한 생일이 올 때 얼굴을 본 일이 없는 보험영업사원으로부터 생일카드를 받은 일이 있는데 기억에 남았다. 그들이 이처럼 경조사에 목매는 이유는 무엇일까? 바로 사람의 마음을 얻기 위해서다. 고객의 마음을 얻기 위해서는 팔기만 해서는 안 된다. 고객의 일상에 침투해 기억 속에 깊은 인상을 남겨야 한다. 좋은 기억을 남기면 고객은 언젠가 그 영업사원을 찾게 될 것이다.

이는 영업사원이 아닌 일반 직장인에게도 똑같이 적용되는 원리다. 커리어케어 신현만 회장은 저서 《회사가 붙잡는 사람들의 1% 비밀》에서 직장 동료의 경조사가 있으면 꼭 찾아가라고 했다.

비 오고 눈 오는 날이면 친한 친구들 중에도 귀찮다고 빠지는 이가 있는데 자신의 경조사에 잊지 않고 참석해준 직장 동료는 얼마나 고마운가. 기억하지 않으려 해도 두고두고 기억날 수밖에 없다.

결혼식이나 장례식은 한 사람의 일생에서 매우 중요한 의식이다. 가장 기쁠 때, 가장 슬플 때 함께 즐거워해 주고 위로해준 사람은 평생을 잊지 못한다. 그러므로 사람의 마음을 얻고자 한다면 인연을 맺고 싶은 사람들의 경조사에 참석해 얼굴을 비치고 인사를 나누는 일을 우선해야 한다. 정성을 들여 실천했을 때에야 비로소 마음을 얻을 수 있음을 잊지 말자.

2011년 가을, 한국동서발전 당진화력본부에서 청년인턴으로 근무하던 때 갑자기 비보가 날아들었다. 고등학교 동창의 어머니께서 돌아가셨다는 소식이었다. 집에 찾아가면 온갖 음식을 내어주며 다정하게 맞아주시던 친구 어머니. 그분이 돌아가셨다는 말에 나는 그저 망연자실했다. 50대의 젊은 나이에 돌아가신 것도 그랬지만 친구의 어머니라 더욱 충격이 컸다. 그해 봄에 백혈병 진단을 받고 몇 개월도 못 사시고 돌아가신 것이다.

소식을 듣자마자 옷을 챙겨 입고 장례식장으로 향했다. 퇴근 후 바로 시외버스를 한 번 갈아타고 장례식장에 도착하니 자정 즈음이었다. 영정 앞에서 절을 하고 친구의 손을 맞잡으니 예전 친구 어머니의 모습이 떠올랐고 친구의 깊은 슬픔이 전해져 와서 나도 모르게 눈시울이 뜨거워졌다. 날벼락 같은 소식에 부랴부랴 오면서 뭐라고 위로의 말을 전해야 할지 몰랐지만 한 번 손을 잡아주는 것밖에 할 수가 없었다.

가까운 사람이 세상을 떠나면 가슴에 사무친다. 특히 생전에 잘 해주지 못한 일들이 떠올라 마음이 아프다. 친구의 어머니가 돌아가셨을 때 그 친구가 얼마나 가슴 아파했을지 느낌이 전해져 왔다. 장례식에 가서 친구의 얼굴을 보고 '넌 혼자가 아니야'라고 말없이 마음을 전했다.

그래서 회사 경조사 시스템에 올라오는 경조사에는 그다지 친하지 않아도 안면이 있고 부모상일 경우엔 3만~5만 원의 경조사비를 대부분 낸다. 때론 경조사비 지출이 꽤 커서 입사 3년 차에게도 버거운 금액이 될 때도 있지만 괜찮다. 그들과 내가 함께라는 마음을 표현해서 슬픔을 조금이라도 덜어낼 수 있다면 그것으로 만족한다. 슬픈 일을 겪은 당사자가 '나는 혼자가 아니다'라는 생각을 할 수 있다면 그것으로 족하다.

대학생과 직장인을 대상으로 교육사업을 하는 메가넥스트의 김성오 대표이사는《육일약국 갑시다》에서 경조사를 챙기는 이유를 소개하고 있다.

> 나는 아무리 바쁜 일이 있어도 직원의 결혼식 등 가족이 참여하는 길흉사는 빠지지 않고 참석하려 노력한다. 그리고 회사의 공식적인 경조사비 외에 항상 내 마음을 담은 봉투를 따로 준비한다. 회사의 돈은 내가 사적으로 남용할 수 없는 돈일뿐더러 그런 기회를 통해서라도 내 마음을 전하고 싶은 생각에서다. (…) '장사란 이익을 남기기보다 사람을 남기기 위한 것이다. 사람이야말로 장사로 얻을 수 있는 최대의 이윤이며 신용은 장사로 얻을 수 있는 최대의 자산이다.' 조선 후기의 거상 임상옥이 한 말이다. 사람은 가치를 창조하는 무형 자산이자 인적 자산이다. 특히 사업하는 경영자들에게 사람의 중요성은 백 번 강조해도 지나치지 않다. 한 사람이라도 더 남기기 위하여 직원들을 소중히 여기고, 그들이 최대한 능력을 발휘할 수 있는 환경을 조성해주는 것은 CEO의 필수 덕

목이다.

모든 일은 사람을 통해서 이루어진다. 그러므로 사람이 가장 중요한 것은 당연한 일이다. '인사가 만사다'라는 말이 있듯이 어떤 자리에 누구를 들이느냐에서 기업의 명운도 좌지우지된다. 그만큼 사람이 중요하다는 뜻이다. 어떤 이가 가장 도움을 필요로 할 때가 언제인지 곰곰이 생각해보자. 평생을 함께하며 사랑했던 가족이 세상을 떠났을 때 남겨진 가족의 마음은 어떻겠는가. 두말하지 않고 그의 곁에 가서 손을 잡아주고 내가 그의 가족이 되어주어야 한다. 그의 마음에 슬픔 대신 위안이 차오르도록 곁에 있어주어야 한다. 먼저 그 사람에게 다가가 손을 내밀고 한마음으로 기쁨과 슬픔을 느껴야 한다.

한 번은 지인 가족의 장례식에 간 일이 있었다. 마치 내 가족인 것처럼 황망하고 정신이 하나도 없었다. 날벼락 같은 슬픈 소식에 도대체 어떻게 위로해야 할지 종잡을 수가 없었다. 무작정 서울로 가서 장례식장 주위를 두리번거렸다. 조의금을 현금자동인출기에서 뽑으려고 휴대전화로 은행을 찾아다닌 끝에 봉투에 담아왔다. 그런데 돌아 나와서는 길 한복판에 멈춰 서서 한참을 생각했다. '과연 이만큼을 내면 내 마음이 편할까?'란 질문을 수없이 내게 던졌다. 편치 않았다. 그래서 다시 현금인출기로 가서 돈을 더 뽑아 봉투에 담았다. 그제야 마음이 편했다. 나를 진정으로 생각하는 지인이었기에 그 마음에 보답하고 싶었고, 혼자가 아님을 확인시켜주고 싶었다.

감정 표현이 어색해서 말로 어떻게 위로를 해줄 수는 없었지만 같이 밤을 지새우며 장례식장을 지켰다. 함께하는 것 자체가 가족과 같은 사람에게 해줄 수 있는 최선이었다. 바닥으로 바닥으로 가라앉는 무겁고 진득한 잉크처럼 슬픔이 눈에서부터 마음 안으로 내려앉았다. 지인에게 할 말이 없었다. 그저 묵묵히 곁에 있어주는 것밖에는.

만약 경사든, 애사든 마음을 표현하려고 봉투에 축의금이나 조의금을 담아 전달하려 할 때 마음에 걸리는 것이 있다면 자신에게 먼저 물어봐야 한다. '이것이 최선인가?'라고 자문해야 한다. 최선을 다하지 못했을 때 두고두고 후회를 만들게 되므로 미리미리 질문을 던지고 옳은 답에 따라 경조사비를 내는 것이 좋다. 경조사비를 아끼지 말자.

호랑이는 죽어서 가죽을 남기고 사람은 죽어서 이름을 남긴다고 했다. 맞는 말이다. 사람은 죽어서 기억에 남는다. 자신이 했던 행동 하나하나로 세상을 살아가는 사람들의 기억에 남는 것이다. 그래서 죽음이 다가오면 소중한 사람들과의 행복했던 시간을 떠올리는 동시에 그들을 진정으로 사랑해서 그들에게 좋은 추억만 만들어줬는가를 돌아보게 된다.

가슴을 열어 세상을 바라보라. 당신이 소중하게 여기는 사람들에게 다가가 마음을 열어두자. 그리고 그들에게 사랑을 주자. 사랑은 받는 것보다 주는 것이 행복하다. 주는 사람의 마음엔 사랑이 풍부해서 차고 넘치기 때문에 아무리 줘도 솟아오르는 샘물처럼 줄어들지가 않는다.

04

진짜로 원하는 모습을 상상한다

우리는 종종 '10년 후의 모습을 상상하라!'는 말을 듣곤 한다. 10년 후면 너무 멀게만 느껴져서 어떻게 상상해야 하는지 궁금했다. 무엇이 가슴을 뛰게 해서 10년 후까지 상상하게 하는지도 알 수 없었다. 자기계발서에 쓰인 대로 20대 때부터 흰 종이에 원하는 것들을 수도 없이 글로 썼지만 그 후에 어떻게 해야 하는지 알고 싶었고 약간의 의심이 들기도 했다. 그땐 생생하게 상상한다는 게 어떤 의미인지 종잡을 수 없었다.

"모든 존재는 생각의 결과다. 우리는 우리가 생각한 대로 된다."

부처의 가르침이다. 맞다! 주위 사람들을 관찰해보면 알 수 있다. 할 수 있다고 생각하는 사람은 어떻게든 하게 된다. 반면에 할 수 없는 이유를 찾는 사람은 합리적인 방어자가 되어 그 자리에 머문다. 프랑스의 군인이자 정치가인 샤롤 드골도 이런 말을 남겼다. "할 수 있다고 믿는 사람은 그렇게 되고, 할 수 없다고 믿는 사람 역시 그렇게 된다." 당신은 과연 어떤 사람인가? 할 수 있다고 믿는가, 할 수 없다고 믿는가?

과거의 나는 무언가 하고 싶을 때 왜 안 되는지 이유를 들어가며 앞으로 닥칠 난관을 어떻게 극복할 것인가를 미리 생각했었다. 부정적인 예측이 위험을 예방할 것이라고 생각했다. 하지만 안 되는 이유를 떠올릴 때마다 부정적 기운이 스며들어 번번이 목표를 달성하지 못하곤 했다. 원하는 것에만 집중하고 방법을 찾아야 할 때 원하지 않는 것을 분석하고 있었으니, 잘못된 방법으로 목표를 달성하려 한 셈이다.

사람들은 흔히 어떤 일을 통달하는 데 10년이란 시간이 소요된다고 말을 한다. 짧게는 몇 년, 길게는 10년이면 어떤 한 분야에 정통하게 된다. 그래서 10년 후를 상상하며 목표를 이루는 데 정통해야 한다. 생생하게 상상하면 이뤄질 수밖에 없다.

세계를 움직이는 유대인과 화교 부호들의 부와 성공의 조건을 알리는 데 힘쓰고 있는 마담 호는《부의 시크릿》에서 10년 후의 목표를 계획해야 하는 이유를 이렇게 설명하고 있다.

10년 뒤의 나 자신이 이뤄낼 일을 먼저 결정한다. 가능한 한 날짜나 금액, 기타 사항을 구체적으로 작성한다. 그리고 그 목표 달성을 위해서 지금부터 9년, 8년 후라고 역산해 간다. '가능한 한 구체적으로'가 포인트지만, 예를 들면 하와이에 갔을 때 '1년 후에 그곳에서 살 수 있었으면 좋겠다'라고 생각했다면 구체적으로 바다가 내려다보이는 테라스에서 편히 쉬고 있는 모습을 상상하는 것이다. 이렇게 목표를 구체적으로 세우면 어떤 역경 앞에서도 '이것은 10년 후의 목표를 달성하는 데 있어 하나의 통과의례다'라고 생각하며 극복할 수 있다.

긍정적 영향력을 끼치는 것이라면 무엇이든 좋다. 한계를 두지 않고 자신이 원하는 10년 후의 모습을 설정하자. 그리고 총천연색 사진처럼, 영화의 한 장면처럼 생생하게 상상해야 한다. 구체적으로 목표를 세웠을 때에야 비로소 머릿속에 꿈을 달성했을 때의 모습이 세밀하게 떠오르며 좋은 느낌을 가질 수 있다.

나는 2013년 12월부터 태극권을 수련하기 시작했다. 태극권 도장에 들어서서 준비운동을 할 때부터 나는 원하는 미래를 상상한다. 수만 명이 운집한 강연콘서트에서 태극권 시연하기, 백만장자 메신저로서 〈세상을 바꾸는 시간, 15분〉, 〈TED〉의 큰 무대 위에서 '나는 누구인가? 가슴 뛰는 존재가 바로 나이다!'라는 메시지를 사람들에게 전하는 상상을 매번 한다. 진정으로 바라는 것이 무엇인지 스스로 깨쳐야 하며 심장이 하는 말을 들으라고 조언할 것이다. 태극권을 하면서 몸과 손에서 열기가 피어오르고 공기의 흐름마저 느낄 수 있을 때 상상을 하면 실제 이루어진 것처럼 느껴진다. 어느 것이 현실이고 상상인지 분간이 되지 않을 때가 종종 있다. 그만큼 간절하게 원하는 미래를 상상한 결과다.

수입이 늘어났을 때와 여유가 생기면 하려고 했던 일들을 지금 당장 행동에 옮겨야 한다. 약간은 무리를 해서라도 미리 경험해보자. 생각에 따른 앞선 행동은 현실이 꿈을 좇게 한다. 10년이란 세월은 긴 시간인 것처럼 생각될 수도 있지만 짧은 세월이다. 그러므로 시간을 아끼기 위해 삶의 구체적인 세부계획을 세워야 한다. 목표를 단계별로 나눠서 올해, 이번 달, 이번 주, 오늘 해야 할 일을 종이에 써보자.

거꾸로 목표를 써내려가면 당장 내가 무엇을 해야 하는지 답이 금방 나온다. 나는 스무 살 때부터 책이 쓰고 싶었다. 그리고 책을 토대로 강연, 세미나, 컨설팅을 해야겠다고 생각해왔다. 그렇다면 가장 먼저 해야 할 일은 책을 쓰는 것이다. 2014년 4월에 드디어 《책을 쓴 후 내 인생이 달라졌다》가 출간됐다. 단지 시작일 뿐이었지만 시작하고 나니 책에 내 이름이 쓰여 있어 뿌듯했다.

일단 무엇이든 시작을 해야 결과를 얻을 수 있다. 옳은 시도였다면 다음 단계로 나아가면 되고, 틀린 시도였다면 방법을 바꿔 다시 도전하면 된다. '시작이 반이다'라는 말처럼 무언가에 도전하면 성패와 관계없이 한 걸음 앞으로 나아간 것이다. 도전 없이는 앞으로 나아갈 수 없고, 생각대로 살지 않으면 사는 대로 생각하게 된다는 것을 잊지 말아야 한다.

2014년 6월 28일은 잊지 못하는 날이다. 내가 쓴 저서《버킷리스트 3》의 교보문고 광화문점 저자 강연회를 한 날이다. 그전인 2월 8일《버킷리스트》저자 강연회에 참석해 두 시간 내내 서서 집중하며 강연을 지켜봤다. 그러면서 나 자신이 저 무대에서 강연하는 모습을 상상하며 생생하게 자기암시를 했다. 그리고 강연자들과 청중, 강연장을 하나하나 사진으로 남겼다. 이후 거의 매일 내가 저자 강연회를 하는 상상을 했다. 교보문고에서 강연을 한다는 상상만 해도 기쁘고 가슴이 뛰었다. 매일 상상할 때마다 행복했다. 6월의 어느 날 저자 강연회 요청 문자가 왔을 때도 미리 수없이 상상했었기 때문에 조금의 망설임도 없이 이내 수락할 수 있었다.

생생하게 꿈꾸면 미래와 현재를 혼동하게 된다. 원하는 미래를 수도 없이 상상할 때 지금 자신이 미래에 있는지, 현재에 있는지 착각하게 된다. 상상이 현실처럼 느껴지는 그 순간이 반복될 때마다 원하는 미래는 내 앞에 모습을 드러낸다. 원하는 모습을 상상할 때마다 전율이 일고 행복함이 밀려온다.

다수의 평전과 역사서를 저술한 저명한 평전 작가이며 미주리대학교에서 역사를 가르치고 있는 스티븐 왓츠는《인간관계를 발명한 남자》라는 제목의 데일 카네기 평전을 썼다. 그 책에는 어려운 상황에서도 10년 후 모습을 상상하며 행동하는 데일 카네기가 묘사되어 있다.

"제 나이에는 올해에 얼마를 버느냐가 아니라 10년 후 얼마를 벌 위치에 있느냐가 중요해요. 다시 말하면 지금 제대로 된 길에 발을 들여놔야만 한다는 거지요. 저는 제가 올바른 길에 서 있다고 믿습니다."

6개월, 1년, 3년, 5년, 10년 후 자신의 모습을 상상해보자. 진짜로 원하는 모습만을 상상하는 것이 중요하다. 왜냐하면 상상한 대로 이루어지기 때문이다. 단계별로 10년 동안 어떤 모습이 될 것인지 세부적으로 글로 써본다. 시간의 역순으로 할 일들을 써 내려가다 보면 당장 올해, 이번 달, 이번 주, 오늘 할 일이 명확해진다.

"가장 높이 나는 새가 가장 멀리 본다."

리처드 바크의 《갈매기의 꿈》에 나오는 말이다. 아등바등 살아가는 현실을 탓하는 대신 10년 후의 원대한 자신의 모습을 상상하자. 꿈으로 가는 길이 보일 것이다. 현재 자신이 꿈 길 위에 서 있는지, 상상한 대로 올바른 방향으로 나아가고 있는지 점검해보자. 과거와 결별하고 가슴 뛰게 하는 찬란한 내일만을 바라보며 계속 나아가야 한다. 그리고 스스로에게 "꿈을 살아가는 지금이 내 생애 최고의 순간들이다!"라고 말해보자.

05

배움을 돈으로 바꾸는 기술을 배운다

오늘 하루 무얼 하며 보냈는지 기억을 더듬어보자. 바쁜 일에 하루를 다 빼앗기지는 않았는지 반성해보는 건 어떨까? "바쁜 일은 삶이 내게 원하는 일이 아니다"라는 말이 기억난다. 보통 직장인들은 출근 후 컴퓨터를 켜고 습관적으로 제일 먼저 이메일을 열어본다. 이 단순한 습관 하나로 생각 에너지를 잡아먹기 시작하면 몇십 분이 훌쩍 지나가 버린다. 시간을 지키기 위해서는 바쁜 일이 아닌 중요한 일부터 챙겨야 한다. 하루에서 삶 전체로 시야를 넓혀봤을 때 정말 자신에게 소중한 일을 얼마나 하고 있는지 점검해야 한다. 얼마나 꿈에 가까이 닿아 있는지 살펴야 한다.

"꿈은 도망가지 않아. 도망가는 것은 언제나 자신이야."

애니메이션 〈짱구는 못말려〉에서 짱구 아빠가 했던 말이다. 어렸을 적 동명의 만화책 한 권을 다섯 번이나 읽으며 그때마다 크게 웃곤 했는데 이렇게 의미심장한 명언이 담겨 있을 줄은 애니메이션을 보고야 알았다. 어렸을 적 나의 꿈은 생물학자였다. 하지만 취직해야 한다는 나름의 합리적인 이유로 접어둔 채 취직에 유리한 외국어 전공을 선택했다. 첫 직장을 나오고 재취업을 한 후 시간이 흘러 꿈에서 멀어질수록 고통스러울 뿐이라는 사실을 깨달았다. 그래서 난 내 꿈을 향해 정면으로 도전하겠다고 결정하고 행동했다. 그러던 와중에 예전부터 나를 표현하고 싶어 했던 욕망을 재발견하고 책 쓰기를 시작했다.

어떤 한 분야에 대한 책을 쓰면 그 분야의 전문가로 인정받을 수 있다. 왜냐하면 책 한 권을 쓰기 위해서 자신이 쓸 주제에 관련된 책을 최소 50권에서 많게는 100권까지 읽게 되기 때문이다. 그래서 나는 자신을 표현하며 꿈을 이루기 위해 책을 쓰기 시작했다.

언뜻 보면 책 한 권 쓰는 게 굉장히 어려울 것 같은 일이지만 석사, 박사 학위를 받으려고 수년의 시간과 어마어마한 학비를 투자하는 것에 비하면 부담도 덜하고 쉬운 일이다. 전문가로 이르는 길에는 여러 갈래가 있지만 그중에서 가장 빠르고 평탄한 길이 책 쓰기다. 책을 쓰는 데는 어떤 자격 요건도 필요하지 않기 때문이다.

책은 저자를 대신해 시간과 장소를 불문하고 저자를 홍보한다.

저서가 있는 사람은 명함 대신 책을 내밀어 자신을 소개한다고 한다. 이처럼 책은 자신을 홍보하는 가장 효과적인 수단이다. 그래서 책을 쓰면 인생이 바뀐다. 책이 알아서 저자의 생각과 철학을 전파하기 때문이다.

책을 써서 성공한 사례는 수없이 많다. 안철수는 《CEO 안철수 영혼이 있는 승부》, 박경철은 《시골의사의 아름다운 동행》, 김정운은 《노는 만큼 성공한다》를 시작으로 각각 세상에 이름을 알렸다. TV에서 보는 유명인사들이 어떻게 유명해졌는지 유심히 살펴보면 알 수 있다. 갑자기 혜성처럼 나타난 데는 다 이유가 있다. 저서만큼 섭외 대상을 잘 분석하고 평가할 수 있는 수단은 없다. 게다가 이미 저서에 쓴 주제에 대해서는 전문가 수준이기 때문에 시청자의 흥미를 끌 수 있는 가치를 제공할 수 있다.

일반적으로 사회에 진출하기 위해서는 12년 동안 초중고를 다닌 후에 취업 혹은 대학 진학을 선택하게 된다. 대학까지 졸업하면 교육기간만 자그마치 16년이 된다. 졸업 후 대다수가 취업을 한다. 학교 시스템에서 기업 시스템으로 자리를 옮겨간다. 가장 큰 차이점이라면 전자는 돈을 내고 다니는 곳이지만 후자는 돈을 벌기 위해 다니는 곳이라는 점이다. 어떻게 해야 돈을 벌 수 있는지 학교에서는 가르쳐주지 않는다. 열심히 공부해서 좋은 성적을 받으면 대기업 등 좋은 직장에 취업해서 비교적 높은 연봉을 받을 수 있다. 그렇지만 딱 거기까지다. 기업을 거치지 않고 고객과 자신이 직접 거래를 하는, 중개자가 없는 그러한 배움을 실행하는 사람은 많지 않다. 배우지도 않았고, 알았다 한들 실천하기가 두렵기 때문이다.

학생의 옷을 벗고 사회에 내던져진 직장인의 배움은 학생의 그것과 달라야 한다. 배움의 기쁨을 위한 공부가 아닌 생존을 위한 공부가 되어야 하고 수익이 창출되어야 한다. 적어도 업무 성과를 올릴 수 있어야 한다. 이에 공병호는《운명을 바꾸는 공병호의 공부법》에서 먹고살기 위해서 공부한다고 했다.

언젠가 스티브 잡스는 이렇게 말한 바 있다. "나는 밤에 꿈을 꾸지 않는다. 나는 온종일 꿈을 꾼다. 나는 먹고살기 위해 꿈을 꾼다.(I don't dream at night, I dream all day, I dream for a living.)" 상상력을 발휘하는 이유에 대한 솔직담백한 말이다. 그런데 나는 이 문장을 읽으면서 꿈(dream)이란 단어를 공부(study)로 대체해도 무리가 없다는 생각을 해보았다. '나는 먹고살기 위해 공부한다.'

수익을 창출하고 원하는 대로 살기 위해 공부를 하는 것이다. 그 중에 으뜸이 내 책을 써내는 것이다. 누구나 살면서 쌓아온 경험 속에는 다른 사람들과 나눌 만한 메시지가 있다. 그리고 그 메시지를 효과적으로 전달할 수 있는 수단으로 책만 한 것이 없다. 나는 2013년 12월 스스로 이끌어가는 삶을 살고자 결정했고, 제2의 인생을 사는 골든티켓을 스스로에게 줬다. 그리고 책 쓰기 수업을 들으며 책을 쓰는 데 필요한 모든 것을 배웠다. 별로 내세울 게 없는 평범한 개인이라 하더라도 책을 쓰면 달라진다.

사회에 진출한 사람들의 배움은 목적을 명확히 하고 배움이 수익으로 연결되어야 한다고 말한 바 있다. 이를 위해서는 크게 생각할 줄 알아야 한다. 큰 믿음 하나만 있으면 어떤 어려움 때문에 넘어지든 아무 일도 아닌 것처럼 훌훌 털고 일어나 앞으로 나아갈 수 있기 때문이다. 이와 관련해 애플의 공동창립자 스티브 잡스는 마음의 힘이 성공의 원천이라고 믿었다.

"진정한 만족을 얻는 방법은 오로지 자신이 위대하다고 생각하는 일을 하는 것입니다. 그리고 위대한 일을 하는 방법은 오로지 자신이 하는 일을 사랑하는 것뿐입니다. 아직까지 그런 일을 못 찾았거든 절대 안주하지 말고 계속 찾으십시오. 진심을 다하면 분명히 언젠가는 찾을 수 있습니다. 좋은 인간관계가 그렇듯 일단 찾기만 한다면 세월이 흐를수록 점점 더 그 일을 잘 하게 될 겁니다. 그러니 부단히 찾으십시오. 절대 현실에 안주하지 마십시오."

배움을 돈으로 바꾸는 기술을 습득하려면 큰 틀에서 사고할 줄 알아야 한다. 마음과 외부세계가 어떻게 상호작용하고 있는지를 깨달으면 배움에 가속도가 붙는다. 책을 쓰기 전에는 어떻게 다

쓸까 하며 자기 확신이 서지 않았지만 확신을 주는 책들을 보면서 '나도 할 수 있다!'로 생각이 바뀌었고, '나는 위대하다!'로까지 발전했다. 강연무대에 서서 이 책을 가지고 저자 강연을 하며 독자와 소통하는 진짜 내 모습이 보였다. 눈을 감고도 상상이 될 정도로 확신하기 때문에 더욱 빨리 현실로 끌어오기 위해 과거엔 상상도 할 수 없는 엄청난 노력을 기울이게 된다. 그러므로 원하던 꿈은 이루어지게 되어 있다.

과거의 나는 배움을 위한 배움에만 치중했다. 배운다는 것 자체를 즐기고 스스로를 만족시키기 위해서였다. 배움을 통해 무엇을 이루겠다는 생각은 별로 없었다. 그저 궁금증을 해결하고 뒨가 뒤처지지 않기 위해서 배웠다.

배움을 돈으로 바꾸는 기술을 배워야 한다. 성과가 나타나지 않는 배움은 방법에 문제가 있을 수 있으므로 방식을 바꿔야 한다. 왜 어떤 사람은 시간과 돈을 들여 자기계발을 함에도 성과가 크지 않은가? 이유는 다음 두 가지를 염두에 두지 않았기 때문이다.

첫째, 절박한 마음으로 임해야 한다는 것.

둘째, 자신의 개인 브랜딩이나 업무에 도움이 되는 자기계발이어야 한다는 것.

만일 이 두 가지를 충족시키지 못한다면 아무리 많은 시간을 자기계발에 활용해도 큰 성과를 기대할 수 없다. 무엇을 하든 절박하면 결과를 빨리 얻을 수 있다. 절박하면 목표를 이루기 위해 할 수 있는 것들이 눈에 들어오고 거리낌 없이 행동하게 된다. '이것 아니면 안 된다'라는 마음가짐을 갖게 되기 때문에 뒤로 물러설 수도 없다. 지금 물러선다 해도 뾰족한 수가 없고 다시 도전할 수도 없는, 그야말로 배수진임을 아는 것이 절박한 마음이다.

방향과 속도를 모두 신경 써야 한다. 사실 얼마나 빨리 가느냐만큼이나 중요한 것은 어떤 방향으로 향하느냐다. 사막이나 망망대해에서 나침반이 가리키는 방향이 생존을 결정하듯이 배움에서도 올바른 방향성이 반드시 전제되어야 한다. 생존을 위한 배움을 통해 자기계발을 하고 퍼스널 브랜드를 수립해야 한다. 세상이 나를 기억하게 했을 때에야 사람들이 나를 찾아와 가치 전달을 요청할 것이다. 배움을 추구할 때는 절박하고 유용한 자기계발인지 여부를 항상 점검하고, 올바른 방향과 속도로 나아가며 수익을 창출하는 데 힘쓰자.

06

목표는 반드시 종이에 적는다

'74킬로그램 되기'

2012년 봄, 휴대전화 바탕화면에도 적고 종이에도 썼던 목표다. 현 직장에 합격하며 신체검사를 하러 병원에 갔을 때 의사가 나의 적정 체중이 74킬로그램이라고 하여 생긴 수치다. 늘 80킬로그램 남짓 되던 몸무게가 어떻게 74킬로그램이 될지 궁금했지만 해보기로 했다. 그렇다고 바로 체중이 줄어들지는 않았다. 78킬로그램 정도까지는 가능했지만 아무리 운동을 해도 그 아래로는 무리인 듯했다. 그러다 어느덧 2014년이 되어 체중을 재보니 75킬로그램이 됐다. 목표에 거의 다가온 것이다. 살이 너무 많이 빠져 걱정스러울 정도였지만, 몇 년 전 종이에 쓰고 휴대전화 바탕화면에 띄

워놨던 목표를 거의 이룬 셈이기에 뿌듯했다.

2013년 12월부터 태극권과 책 쓰기를 배우기 시작했다. 내 체중이 75킬로그램 정도가 된 건 그로부터 7개월이 지나가는 시점이었다. 책을 쓰면 몰입하는 데 에너지가 많이 소모되어 저절로 다이어트가 된다고 선배 작가들이 이야기해주곤 했는데 말 그대로였다. 이에 덧붙여 태극권도 큰 도움이 됐다. 태극권 도장에 가면 기본 두 시간, 길게는 네 시간을 중간에 잠깐 쉬면서 수련을 한다. 그러고 나면 그야말로 파김치가 된다. 긴 시간 동안 서서히 움직이는 동작을 반복하다 보면 땀이 비 오듯 흐르는데 정신은 맑아진다. 몸이 에너지를 모두 쓴 터라 잠자리에 누우면 5초 안에 잠들 수 있다. 책 쓰기와 태극권 이 두 가지 활동 덕분에 체중감량을 했지만 애초에 74킬로그램이 되겠다던 목표가 있었기에 나도 모르게 이룰 수 있었다고 생각한다.

'비즈니스맨의 대부', '세계 최고의 경영 컨설턴트'라는 별칭을 달고 다니는 브라이언 트레이시. 그는 고등학교를 중퇴한 후 세차원, 경비원, 청소부, 공사장 일꾼, 화물선 선원 등의 직업을 전전하며 떠돌아다녔다. 스물세 살 때 그는 팔 때마다 일정한 수수료를 받는 판매원이 됐는데, 온종일 겨우 물건 하나를 팔아서 하루 숙박비를 지불하고 싸구려 여인숙에서 잠을 자는 날이 이어졌다.

어느 날 그는 종이에 터무니없는 목표를 적어 내렸다. 방문판매로 매달 1,000달러를 벌겠다고 썼다. 30일 후 그의 인생은 종이에 쓴 대로 이뤄졌다. 매달 1,000달러의 급료를 받고 판매사원들을 교육하게 됐다.

버킷리스트를 종이에 쓰면 이루어진다. 책 쓰기 코치이자 작가인 김태광은 저서 《천재작가 김태광》에서 힘든 시절 아래의 버킷리스트를 종이에 쓰고 10년 내에 모두 실현했다.

- 베스트셀러 작가 되기
- 대한민국 최고의 성공학 강사 되기
- TV 〈아침마당〉, TV특강 〈행복플러스〉, 라디오에 출연하기
- 해외 저작권 수출
- 내가 쓴 글이 교과서 등재
- 대기업 등 칼럼 쓰기
- 한 달에 책 다섯 권 출간하기
- 책 100권 쓰기
- 대형서점에서 사인회 하기
- 슈퍼카 람보르기니 구입하기
- 제주도 김태광인생경영학교 건립하기

그는 서른여덟 살이 될 때까지 16년 동안 160권의 책을 썼다. 그리고 자신의 버킷리스트를 모두 이뤘다. 나도 그처럼 원하는 것을

선언하고 종이에 쓰고 행동하기로 했다.

- 밀리언셀러 작가 되기
- 교보문고 광화문점에서 개인 저서 저자 강연회 하기
- 〈세상을 바꾸는 시간, 15분〉에서 강연하기
- 〈TED〉에서 영어로 강연하기
- 중국 현지에서 중국어로 저자 강연회 하기
- 김진호아카데미 설립하기
- 2024년까지 책 50권 쓰기
- 개인 저서 해외에서 번역 출간하기

삶은 원하는 대로 이루어진다. 종이에 쓰면 그대로 행동하기 때문에 버킷리스트는 현실이 된다. 우리가 상상하는 그 순간부터 목표를 이룬 미래가 내 곁에 와 있는 것이나 다름없다. 다만 상상을 얼마나 구체적으로 하느냐가 문제다. 한 번의 상상이라도 꿈이 실현된 그 순간의 느낌을 온전히 체험할 수 있다면 시간문제일 뿐이다. 얼마나 빨리 꿈을 끌어당기느냐만 남는다.

나의 버킷리스트에 '랜드로버 디스커버리4'를 갖겠다고 쓴 이후부터 내 눈에는 온통 랜드로버 차량만 눈에 띄었다. 2014년 봄 회사 업무상 출장으로 들른 남아시아에서 대리인과 식사를 하고 나오던 길에 나는 경악하지 않을 수 없었다. 길가에 온통 일본 차 아니면 그 나라 국산 차량뿐이었는데 갑자기 인도에 바퀴를 걸치고 주차된 빨간색 레인지로버 이보크를 본 것이다. 휴대전화 카메라 셔터를 수없이 눌러대며 믿을 수 없다며 놀랐던 기억이 생생하다. 상상해서 글로 쓴 것이 현실에 나타나니 놀라자빠질 뻔했고, 더욱 확고한 믿음을 갖게 됐다.

이와 더불어 어떤 방향으로 나아가느냐는 글로 쓰고 구체적으로 상상하는 것만큼 중요하다. 이는 목표 지점을 정하고 목적지의 방향을 따라 길을 찾는 것과 같다. 나는 심한 길치다. 한 번은 서울 인사동의 어느 음식점에서 사람들을 만나고 있는데 늦게 온 지인을 맞이하러 큰길로 나왔다가 길을 잃은 적도 있다. 요즘엔 스마트폰이 있어 길치인 나도 길을 찾는 게 쉬워졌다. 지도 애플리케이션을 켜고 현재 위치와 목적지를 정한 후 스마트폰 나침반이 가리키는 방향을 따라가면 되기 때문이다. 현재 상황을 파악한 후 목표가 정해지면 어느 방향으로 가야 할지 알 수 있다. 10년 후의 장기적 목표가 명확하다면 10년이란 긴 시간 안에서도 꿈 길을 벗어나지 않고 꿈을 지킬 수 있다.

10년 후 재정적 목표를 매일 상상해야 한다. 먼저 최고의 수치로서 목표를 정해야 한다. 목표는 정한 대로 이뤄지기 때문이다. 그리고 아주 구체적으로 상상해야 한다. 일주일 동안 앞으로 어떤 방식으로 살지 어디에 어떻게 시간을 활용할지 상상해보자. 황홀한 느낌을 경험할 수 있을 것이다. 매일 목표를 상상하여 그 느낌을 꽉 쥐고 있자. 그리고 그 끝에서부터 현재까지 계단을 거꾸로 내려오듯이 각 단계를 짚어보며 1개월, 6개월, 1년, 3년, 5년, 8년, 10년 후에 무엇을 할 것인지 그림을 그려본다. 그런 후 종이에 쓴다. A4용지도 좋고 8절 도화지도 좋다. 느낌이 녹아들 수 있도록 구체적으로 쓴다. 쓴 대로 즉시 실천하고 끝을 향해 궤도수정을 반복하며 꾸준히 나아간다.

어떤 꿈이나 목표도 이미 이루어진 그림을 상상하며 나아갈 때 이뤄지기 마련이다. 자신에게 한계를 그어선 안 된다. 안갯속에서라도 등불 하나만 보이면 그 불빛을 따라갈 수 있다. 자신의 꿈인 재정적 목표가 그 불빛이라 여기고 어둠이 깔리든 안개가 끼든 이정표로 삼아 끝까지 가보자. 꿋꿋하게 꿈 길을 걸으며 자신을 감동시키는 노력을 할 때 하늘이 돕는다는 것을 기억하자.

07

돈 공부를 먼저 한다

군 제대 후 복학생 시절 거의 매일 새벽 지하철 첫차를 타고 학교 도서관에 갔다. 열람실 입구에서 창밖을 바라보고 서서 삼각김밥 또는 바나나로 아침을 해결한 후 취업 공부를 했다. 낮에 수업을 듣고 저녁이면 다시 도서관에 처박혀 공부하는 생활을 반복했다. 밤 11시가 넘어서야 눈꺼풀이 무거워진 눈을 비비며 지친 몸을 이끌고 지하철을 타고서 자취방으로 향했다. 대학생이라면 응당 학과 공부에 열중해서 높은 학점과 장학금이라는 두 마리 토끼를 다 잡는 게 옳은 일이라 생각했다. 부모님도 그렇고 주위 어른들 모두 이구동성으로 공부에만 열중하라고 조언하셨다. 대학을 졸업하고 직장에 들어가서도 회사 일에 도움이 되는 것만 공부했다. 문서작성 소프트웨어, 외국어 등등.

그런데 결과적으로는 경제적 자유를 원하면서도 당장 눈앞에 닥친 일에만 집중하고, 급하진 않지만 중요한 삶의 주제를 간과해 온 셈이 되었다. 하루하루 그날 마치지 못한 일을 머리에 담고 집으로 돌아와 내일은 어떻게 대처해야 하는지, 잠자리에 들면서도 고민하고 걱정하며 진짜 중요한 일을 미루며 살아왔다. 학과 공부를 잘하고 싶다면 우등생을 모방하고, 회사 일을 잘 하고 싶다면 회사 내에 롤모델을 정해 그 사람이 일하는 방식을 따라 하면 된다. 그렇다면 부를 끌어오고 싶을 땐 어떻게 해야 할까? 부에 관하여 보고 듣고 접하며 끊임없이 자신을 부유한 환경에 노출시켜야 한다.

보고 들으며 자주 접한 것에 대해서는 저절로 욕망이 생겨난다. 머릿속에 원하는 것을 구체적으로 그리고 자연스레 상상하고 느끼게 된다. 구체적으로 자주 상상한 것은 어떤 방법으로든 현실이 되어 내게 끌려온다. 왜냐하면 사람은 오감과 상상을 통해 느껴진 대로 욕망하며 그에 따라 행동하기 때문이다. 시간의 문제일 뿐 반드시 이뤄지기 마련이다. 부를 끌어당기고 싶다면 부를 보고 듣고 느끼고 상상하며 공부해야 한다. 에스더 힉스와 제리 힉스는 《머니룰》에서 돈을 끌어오기 위한 마음가짐을 이렇게 표현했다.

'어떻게 하면 풍요를 나에게 오게 할 수 있을까요? 그리고 어떻게 하면 내가 풍요가 있는 곳으로 갈 수 있는 걸까요?'라고 물을 때, 당신의 질문에 대한 대답은 이렇습니다. 그것이 이미 와 있는 것처럼 가정함으로써, 돈을 마음속으로 맘껏 사용해 봄으로써, 그것을 갖게 되는 것이 얼마나 재미있는 일인지를 상상하는 것을 통해서, 편안한 느낌을 즐김으로써, 심지어는 편안하게 느낄 이유를 실제로 갖기 전에도 편안함을 즐김으로써, 현실에 대한 생각으로부터 벗어나 기분 좋게 만드는 생각들을 더 많이 찾는 것을 통해서, 실제로 당신은 진정한 풍요를 자신에게 오게 만들 수 있습니다.

이미 원하는 만큼의 돈을 가진 것처럼 마음속 왕국에 부를 끌어들여 그에 따라 행동하면 된다. 가지고 싶은 자동차, 살고 싶은 집 그리고 벌어들이고 싶은 수입이 모두 불가능하다고 미리 손사래를 치지 말아야 한다. 지금 당장 눈앞에 펼쳐지지 않았더라도 이루어졌을 때의 느낌을 상상하는 것이 어떤 상황에서든 좋다. 부정적인 생각을 한다고 해서 나아질 것은 하나도 없다. 원하는 것을 간절히 바란다면 이미 이루어진 상황과 느낌만 생각해야 한다. 끊임없이 생각한 것은 시간의 문제일 뿐 언젠가 내 앞에 현실로 나타날 것이기 때문이다. 원하는 것을 얻었을 때의 생생한 감정을 느껴보고, 그러기 위해 할 수 있는 모든 것을 찾고 시도해보자. 수입차 매장에 가서 직접 차를 타보고, 살고 싶은 동네에 가서 주민인 것처럼 돌아다니고, 목표로 한 수입을 얻었을 때 하게 될 특별한 의식 같은 행동을 미리 해보는 것이다. 삶의 외형이 변해도 변하지 않는 행위들이 존재한다면 미래를 현재로 끌어오는 신비한 시간여행을 체험할 수 있다.

실제처럼 느껴지는 완벽한 환경 속에서 이미 원하는 모습이 됐다고 생각해야 한다. 성공이 이미 이루어진 어떤 날에 무엇을 하고 있을지 상상해보자. 그리고 그날에도 어김없이 할 행위가 있다면 그걸 하면 된다.

나는 몇십 년이 흘러도 어김없이 태극권을 하고 있을 것이다. 태극권을 할 때면 늘 미래를 상상한다. 이미 그 미래에 당도한 것처럼 똑같이 수련한다. 최근에는 이 책이 출간된 후 교보문고 광화문점, 〈세상을 바꾸는 시간, 15분〉, 〈TED〉에서 강연을 하고 기립박수를 받는 상상을 한다. 신체적 · 정신적 건강을 지키기 위해 시작했던 태극권에서 미래를 끌어와 현재로 만드는 방법을 배우고 있다. 그러자면 현재의 내가 미래를 상상하는 것인지, 미래의 내가 현재로 타임머신을 타고 잠시 놀러 온 것인지 분간이 되지 않을 때도 있다. 그러면 이미 성공한 모습과 사고방식을 가지고 어떻게 누릴 것인지 지금 이 순간을 즐기면 된다.

부를 원한다면 부에 대해서만 생각해야 한다. 다른 생각들이 파고들지 못하도록 견고하게 자신을 지켜야 한다. 그리고 사업에 성공해서 엄청난 부를 끌어당긴 사람들이 공통으로 공부했던 주제들을 익혀야 한다. 도널드 트럼프와 로버트 기요사키는《마이더스 터치》에서 마이더스의 손을 갖고 싶다면 자신이 하는 일에 대한 지식과 경험을 두루 갖추라고 조언했다. 판매, 상법, 회계, 마케팅, 인터넷, 대인기술, 기술적 투자에 대해 끊임없이 공부해서 돈을 버는 시스템을 통제하라고 말했다.

이러한 시스템 통제와 더불어 어떤 일을 하든지 자신이 제공하는 제품과 서비스의 고객이 누구인지 먼저 생각해야 한다. 어떤 가치를 제공하고 그들에게 얼마나 기여하게 될지를 미리 고려해야 한다. 아이디어가 아무리 좋아도 고객이 만족하지 않는다면 모든 게 원점으로 되돌아간다. 부의 흐름이 시작되는 곳을 찾고 흐름의 길목을 지켜야 한다. 부란 욕구를 채워주는 그 무엇이다. 이에 관해 앨빈 토플러는《부의 미래》에서 다음과 같이 말했다.

> 부와 돈은 동의어가 아니다. 잘못된 인식이 만연되어 있기는 하지만 돈은 여러 가지 부의 증거 혹은 상징적인 표현 중 하나에 불과하다. 때때로 부는 돈으로 살 수 없는 것을 살 수 있다. 따라서 누구든 부의 미래를 가장 포괄적으로 이해하려면 그 근원인 욕망을 이해하는 것부터 시작해야 한다. 욕망이란 절대적인 필요에서 욕구까지 모든 경우를 의미할 수 있다. 어떤 경우이건 부란 갈망을 만족시키는 그 무엇을 의미한다.

부의 원천이 무엇인지 생각해보자. 돈을 보면 부가 어떻게 흘러

가는지 알 수 있다. 그렇다면 그 흐름이 어디서부터 시작됐는지 찾아야 한다. 부의 원천이자 사람들이 필요로 하는 가치를 제공해야 한다. 예로 아주 사소해 보이는 지식일지라도 세상에 내어놓으면 찾는 사람이 있다.

한 번은 캔 따개로 손잡이가 없는 캔을 따려는데 방법을 몰라 유튜브를 찾은 일이 있다. 놀랍게도 캔 따는 법을 소개하는 동영상이 여럿 있었다. 그 동영상을 보고 캔을 수월하게 딸 수 있었다. 이렇듯 사소한 캔 따기에도 이를 배우고자 하는 수요가 존재한다. 그렇다면 사람들이 늘 고민하면서 해결방안을 찾는 질문에 대해 답을 제공할 수 있다면 어떨까? 얼마나 많은 사람이 나를 찾을지 상상도 할 수 없다. 그러니 사람들이 무엇을 필요로 하는지 파악할 수 있도록 언제나 귀를 쫑긋 세우고 정보를 수집해야 한다.

부를 끌어당기는 돈에 대한 공부를 지속해야 한다. 어떤 분야에 있건 학습을 멈추면 성장 또한 멈춘다. 돈이 어디에서 어디로 흐르는지 관찰하자. 돈을 좇지 말고 부가 어떻게 만들어지고 움직이는지 공부해야 한다. 부의 원천인 욕구를 어떻게 만족시킬 수 있을지 해결책을 찾아야 한다. 사람들이 진짜 무엇을 바라는지 마음을 열어 알아보자. 욕구를 만족시키면 돈은 따라오게 되어 있다. 사람들이 중요하게 여기는 가치를 제공하고 부의 흐름을 창출해야 한다.

08

시간을 버는 자가 돈을 지배한다

군대를 제대하고 대학에 복학한 첫 1년 동안은 내게 고통의 시간이었다. 머리는 굳어질 대로 굳어졌는데 전공수업을 들으려니 실력이 따라주지 않아 힘들었다. 복학생 몇몇이 모여 서로 모르는 중국어를 묻고 있자니 서로가 답답할 뿐이었다. 이런 고민을 전해 들으신 교수님께서 복학생 클럽인 '복클럽'을 만들어 직접 중국어 과외를 해주셨다. 첫 수업을 시작하던 날 교수님은 세 명의 복학생을 데리고 횟집에 가서 힘을 북돋아 주셨다. 그리고 매주 한 번씩 교수님으로부터 직접 중국어의 기초부터 배울 수 있었다. 그간 가슴을 답답하게 했던 궁금증들이 교수님의 배려로 하나씩 해소됐다. 교수님의 사랑과 배려로 깨달은 사실은 외국어를 배울 때는 전문가로부터 직접 배워야 한다는 것이었다.

'HSK 8급 합격!'

중어중문학과 학생으로서 중국유학은 필수였다. 너도나도 다녀오는 유학을 다녀와야 학과 수업을 따라갈 수준으로 실력을 끌어올릴 수 있기 때문이다. 나도 부모님의 지원에 힘입어 2005년 7월부터 중국 북경 어언 대학교 2개월, 북경 사범대학교 4개월, 우다오커우 HSK학원 6개월 등 꼬박 1년간을 현지에서 중국어를 배우고 또 배웠다. 처음에 목표했던 HSK 고급자격증 취득을 위해 첫 6개월 동안은 중급 최고 등급을 취득하겠다고 마음먹었다.

북경 사범대학교에서 유학생으로 중국어를 배우면서 주말이면 HSK를 가르치는 학원에 다녔다. 전날에 술을 진탕 마셔도 학원만큼은 빼먹지 않고 꼭 제시간에 출석했다. 선생님이 HSK에 초점을 맞춰 가르쳐주신 덕분에 나는 HSK 공부를 시작한 지 4개월 만에 중급 최고등급인 8급 자격증을 취득할 수 있었다. 이후 6개월 동안 고급 자격증 취득에 열을 올려 고급인 9급 자격증까지 따서 유학 온 본래의 목적을 달성했다.

이는 모두 HSK 8급 획득에 필요한 모든 지식과 노하우를 전해주신 선생님이 있었던 덕분이다. 이와 더불어 이것 아니면 안 된다는 절실함이 있었기에 때때로 아침을 거르고도 쓰린 속을 부여잡으며 아침 수업을 들을 수 있었다. 만약 선생님이 없었다면 열정을 엉뚱한 곳에 발산했을 수도 있을 테지만 올바른 길을 제시해주신 선생님이 있었기에 짧은 시간 안에 원하는 목적을 달성할 수 있었다.

삶에서 가장 중요한 것은 시간이다. 어떤 사람들은 돈이라고 말할 수도 있겠지만 돈은 결국에 시간을 얻기 위한 수단이 된다. 사람들이 흔히 추구한다고 여기는 자유는 시간적 자유를 의미한다고 보는 게 옳다. 성공한 사람은 돈보다 시간을 중요시한다. 시간으로 돈을 얻을 수는 있지만 이미 지나간 시간은 돈으로 살 수 없기 때문이다. 그래서 시간을 번다는 것은 엄청난 가치를 미리 가지는 것과 같다. 다른 사람의 성공 노하우를 배우는 것은 시간을 버는 것이다. 그래서 진정 무언가를 원한다면 전문가에게 배워야 한다.

코치를 고용하는 이유는 시간을 벌기 위해서다. 비용이 많이 든다고 해서 여유가 없다는 핑계로 혼자서 일을 추진하는 것은 마치 시간이 무한해서 모든 실패를 주어진 대로 경험한 후에야 성공하겠다는 뜻과 같다. 물론 성공은 대가를 필요로 하지만 피할 수 있는 장애물을 피하고 배울 수 있는 노하우는 최대한 많이 배워서 되도록 짧은 시간 안에 목표를 달성해야 한다. 왜냐하면 시간이 길어질수록 방향성은 모호해지고 의지는 약해지며 불가능의 이유가 마음속에 점점 자라나기 때문이다. 성공하고자 하는 분야의 코치를 두면 그만의 노하우를 직접 전수받을 수 있고 롤모델로 바라볼 수 있어서 목표를 달성하기가 훨씬 쉬워진다.

맞벌이를 하는 워킹맘 K 씨는 종일 바쁘기만 했다. 대기업에 근무하면서 육아와 집안일까지 해야 했기에 몸이 두 개라도 모자랄 판이었다. 집안일, 회사일 모두를 놓칠 수 없다며 새벽부터 밤늦게까지 자신을 혹사했는데, 그러고 나면 체력은 늘 바닥을 쳤다. 남편이 조금씩 집안일을 돕긴 했지만 역부족이었다. 하루가 어떻게 지나갔는지도 모르게 힘들게만 살던 그녀는 때때로 밀려오는 무력감에 조울증 조짐마저 보이기 시작했다. 더는 안 되겠다 싶어진 그녀는 특단의 대책을 마련했다. 집안일에 남의 손을 빌리기로 했다. 바로 일주일에 두 번 가사도우미를 불러 집안일을 대신 하게 한 것이다. 청소며 빨래를 대신 해줄 사람이 있어 K 씨는 한결 여유가 생겼고, 퇴근 후 집안일에만 매달려 있던 시간에 자신만의 시간을 가지며 책을 읽고 자기계발을 할 수 있게 됐다.

지난 9월 난생처음으로 목욕탕에서 세신 서비스를 받았다. 때는 스스로 밀어야 한다고만 생각했는데 전문가로부터 세신 서비스를 받고 나니 몸이 매우 개운했다. 혼자서 할 때는 시간도 오래 걸리고 특히 등을 밀기가 어려웠는데 그런 걱정이 전혀 없었다. 게다가 체력을 아낄 수 있어 목욕을 마치고도 책을 읽고 책을 쓰는 자기계발을 하는 데 쓸 수 있는 에너지가 남았다. 단순히 지인의 권유로 시도했던 세신 서비스를 통해 나는 어떤 분야는 전문가에게 맡겨 하루라는 시간 안에 쓸 수 있는 시간과 에너지를 아낄 수 있음을 깨달았다.

어떤 분야에서건 시간을 벌 수 있다면 단기간에 목표에 닿을 수 있다. 이노우에 히로유키는 《배움을 돈으로 바꾸는 기술》에서 시간을 사는 방법을 다음과 같이 설명했다.

> 시간을 '구매해서' 만들라는 것은, 결국 자신의 시간은 최대가치를 발휘할 수 있는 곳에 사용하라는 말입니다. 그런 식으로 유한한 시간의 가치를 높여나간다면 시간은 무한대화 할 수 있습니다.

자신이 가장 잘하면서 좋아하는 일에 대한 노하우를 코치에게서 배웠다면 그 일에 집중해야 한다. 이노우에 히로유키는 치과병원 경영자이자 의사로서뿐 아니라, 누계 100만 부가 넘는 저서를 낸 자기계발 분야 저자이자 강사로 명성을 떨치고 있다. 자신을 대체할 사람이 없는 분야에서 그는 빛을 발하고 있다. 그가 병원에서 자리를 비웠을 때 직원이 그를 대신해 정성을 쏟는 동안 그는 최대의 가치를 발휘할 수 있는 곳에 존재한다.

우리 또한 자신이 가장 잘하는 분야에서 두각을 나타내야 한다. 누군가 나를 대신해서 할 수 있는 일에 얽매여서는 안 된다. '멍' 때리고 있다가 자신도 모르는 사이에 회사로부터 '뻥' 차일 수도 있음을 잊지 말아야 한다. 그러므로 무엇보다 시급한 것은 세상에 자신의 재능을 선보여 긍정적 영향력을 퍼뜨리는 것이다. 이는 결국 이 세상에 온 소명에 따라 사는 것이기에 시간을 버는 일이다.

시간을 벌기 위해서는 시간을 체계적으로 관리해야 한다. 무엇보다 정말 중요한 일에 우선순위를 두고 시간을 담뿍 쏟아야 한다. 세계적인 경영학자인 피터 드러커는 시간관리에 대해 이렇게 말했다.

> 무엇보다 중요한 것은 시간입니다. 여러분이 시간을 실제로 어디에 쓰고 있는지 먼저 알아보세요. 시간을 쓸 때에는 집중해서 한꺼번에 쓰고, 급한 일이 아닌 중요한 일을 먼저 하세요. 한 번에 한 가지 일만 하고, 과거의 일보다 미래의 일에 집중하세요. 여러 문제 중 더 가능성 있는 일에 초점을 맞추고 남들과 다른 자신만의 일을 하세요. 일을 할 때에는 항상 높은 목표를 정해서 일의 긴장도를 높이세요.

시간을 버는 자가 돈을 지배한다. 돈은 사람들이 소중하게 여기는 가치를 전파하는 사람을 통해 흐른다. 돈을 지배하고 싶다면 시간을 벌어 가치를 전파하는 사람이 되어야 한다. 우선 삶에서 가장 중요한 일을 먼저 해야 한다. 급한 일만 하다 보면 언젠가 뒤를 돌아보고 후회할 날이 반드시 온다. 코치로부터 성공 노하우를 배우고 비전문 분야는 전문가에게 도움을 받아서 시간을 벌고 자신이 가장 잘할 수 있는 일에 집중해야 한다. 그 안에서 이 세상에 태어나 받은 소명을 다하여 최고의 가치를 창출하자. 이렇게 집중된 노력이 모여 세상에 가치를 더할 때 수많은 사람이 당신을 찾을 것이다. 자연히 당신의 명성과 수입은 커지게 된다.

09

기회를 발견하면 일단 도전한다

영화 〈록키〉를 통해 일약 스타가 된 실베스터 스탤론. 그는 헤비급 복싱 세계 타이틀전을 보다가 영감을 얻어 3일 만에 영화 〈록키〉의 대본을 쓰게 됐다. 그리고 제작자를 찾아가 자신이 주연을 맡는 것을 조건으로 대본을 팔겠다는 용기 있는 제안을 했다. 하지만 영화 제작자들은 하나같이 대본만 사겠다고 제안했다. 그는 자신의 고집을 꺾지 않았고 마침내 자신에게 주연을 시켜주겠다는 한 영화사와 계약을 했다. 그렇게 해서 영화 〈록키〉가 만들어졌고, 그는 드디어 꿈꾸던 유명한 영화배우가 된다.

그가 한 기자와의 인터뷰에서 했던 말이 인상적이다. "성공이란 항상 실패를 어떻게 다루는가에 달려 있다. 난 실패했지만 그것을 할리우드의 중심 무대에 뛰어드는 계기로 삼았다."

모든 사람이 성공을 꿈꾸지만 모두가 성공하는 인생을 사는 것은 아니다. 성공하는 이들이 정상에서 만나 서로의 성공담을 나눌 때 포기한 이들은 그들을 바라보며 인내하지 못한 자신을 향해 한숨을 내쉴지도 모른다. 누구나 성공을 향해 발걸음을 내디뎠지만 때론 자신의 길을 가다가 실패를 하거나 다른 길로 접어들기도 한다. 중요한 것은 자신에 대한 믿음과 용기를 지켜내는 사람만이 마침내 성공이란 정상에 도달한다는 것이다. 왜냐하면 이 사람들은 될 때까지 도전하기 때문이다. 아주 간단한 진리다.

자기 자신에 대한 믿음 속에서 삶에 대한 희망이 생겨난다. 뜻하지 않게 실수를 했더라도 당황하거나 좌절할 이유가 없다. 자신의 길을 가는 사람은 누구나 겪는 과정이기 때문이다. 오히려 실수가 잦은 사람은 그렇지 않은 사람에 비해 성공할 확률이 높다. 왜냐하면 실수를 통해 값진 교훈을 얻기 때문이다.

삶에서 체험으로 얻는 교훈은 강력한 힘을 발휘한다. 성공한 사람들은 실패했을 때 다시는 같은 실수를 반복하지 않도록 자신을 개선하기 위해 뼈를 깎는 노력을 한다. 실패를 이미 몸으로 겪어 학습했기 때문에 가능한 일이다. 그리고 잦은 실수로 인한 실패는 환영할 만한 일이다. 발명왕 에디슨은 전구를 발명하기 위해 1만 번의 실패를 하고도 "나는 실패하지 않았다. 단지 켜지지 않는 1만 가지 방법을 발견했을 뿐이다"라고 말했다.

두렵지 않다면 무엇을 하고 싶은가? 정말 바라는 것이 있는데 우연히, 아니 운명적으로 눈에 들어왔다면 반드시 갖거나 해봐야 한다. 대학생 시절 중국으로 배낭여행을 갔을 때 일이다. 인천, 톈진, 베이징, 시안, 란저우, 둔황, 투루판, 우루무치를 거쳐 중국 서쪽 끝 도시 카슈가르까지 갔다가 갑자기 티베트 여행에 도전했다. 애초에는 실크로드만 갔다가 귀국할 예정이었지만 일정을 바꿔 티베트에 들어가기로 했다.

〈티벳에서의 7년〉이라는 영화를 본 후 티베트에 가고 싶다는 생각을 갖고는 있었지만 그곳을 직접 여행하리라고는 상상도 못 했었다. 어떻게 가야 하는지, 갔다 온 한국인도 별로 없던 시절 티베트 여행은 그야말로 두려움 그 자체였다. 하지만 지금이 아니라면 다음 기회가 언제 올지 알 수 없었기 때문에 과감히 티베트로 향했다.

2박 3일간 트럭 조수석에 앉아 잠도 제대로 못 자며 현실인지 꿈인지 비몽사몽했던 순간에도, 고산병에 시달리며 종일 누워서 밥도 못 먹던 때에도, 버스 운전석 옆 등받이도 없는 엔진룸 위에서 96시간 동안 앉아 있던 고통스러운 시간에도, 나는 티베트를 느낄 수 있었다. 키가 작은 교목과 풀만 자라는 황야 같은 고원, 해발고도가 높아 산소가 부족해 슬로비디오를 찍듯 동작이 느려지는 곳에서 나는 신비한 경험을 했다. 하늘과 땅이 맞닿은 곳에 떠 있는

쌍무지개를 보며 감동에 젖었다. 트럭이 달리다 축이 부러져 다른 트럭이 오기까지 여덟 시간을 기다리며 우비 하나로 고원의 추위를 이겨낼 때도 티베트의 척박한 자연 속에서 머리가 맑아지는 경험을 했다. 아직도 외부인과의 접촉이 자유롭지 못한, 눈망울이 까맣고 아름다운 티베트인들의 배려로 따뜻한 물을 마실 수 있었고 가족같이 사진도 찍었다.

가슴이 시킨 결정 하나로 평생 기억되고 다시 가고 싶은 티베트가 내 마음속에 자리 잡았다. 만약 그때 자신을 믿고 론리 플래닛을 찾아보고 트럭까지 빌려 타며 티베트에 가지 않았다면 아직까지도 아쉬움이 남았을 것이다. 기회가 왔을 때 꽉 붙들어야 한다. 기회를 잡아 티베트에 가서 현지의 역사와 자연을 느낄 수 있었기 때문에 '간절하면 이루어진다'는 믿음을 얻었다. 일단 어떤 두려움이 닥쳐와도 간절하게 바라고 도전해야 한다. 그러면 결국 이루어질 것이다.

사람은 스스로를 보호하기 위해 두려움이란 방어적 기질을 가지고 있다. 원시 자연에서 살 때 불시에 나타나는 맹수들을 경계하기 위해서는 늘 두려움의 불을 켜놓고 있어야 했다. 그래야 생명을 지킬 수 있기 때문이다. 하지만 문명화된 현대 사회에서 아직도 원시 사회의 두려움을 안고 사는 것은 옳지 않다. 일어나지도 않을 일에 대해 걱정하고 두려워하는 태도는 어떤 일에 도전하는 데 도움이 되지 않는다. 목표를 성취하고자 할 때는 두려움의 경계신호를 끄고 목표를 달성할 계획을 세우고 행동으로 도전해야 한다. 그래야 실패든 성공이든 결과가 나오고, 성장하기 위해서 다음에 무엇을 해야 할지 결정할 수 있다.

카페에 앉아 창밖을 내다볼 때 낮과 밤에 보이는 풍경이 서로 다르다. 낮에는 보이지 않지만 밤엔 창을 통해 내 모습이 보인다. 안과 밖의 밝기 차이 때문이다. 창이 영혼의 눈이라고 한다면 밖을 어둡게 하고 내 안에 촛불 하나를 켜서 밝혀야 한다. 두려움을 일으키는 외부의 풍경에서 자신에게로 시선을 옮겨와야 한다. 그러면 영혼의 눈에 내가 비칠 것이고 자신의 가능성에만 집중할 수 있게 된다.

삶의 목적은 삶 그 자체다. 이 삶을 사는 주체인 내게 투자를 아끼지 말아야 한다. 나를 성장시키고 계발하기 위한 것에 시선을 두자. 그리고 성장할 기회를 발견하면 과감하게 투자해야 한다. 저축은 결국 투자를 위해 하는 것이라는 점을 잊지 말아야 한다. 투자는 수익을 안겨주며, 자신에게 하는 투자는 수익률이 무한대다. 확신이 들 때 거금을 들여서라도 내재한 재능을 계발해야 한다. 사람들에게 나만의 고유한 메시지를 전달하여 그들이 아름다운 변화를 할 수 있도록 도와야 한다. 그것이 우리가 이 세상에 태어난 소명이기 때문이다.

어떤 기회의 모습이 일상과 달라 보여서, 비용이 너무 커서, 시간이 없어서라고 말한다면 그건 다 핑계일 뿐이다. 그저 두렵기 때문이다. '혹시 그렇게 노력한 끝에 결과가 시원찮으면 어떡하지?'라는 의문을 품기 때문이다. 성공자들은 이미 이루어진 성공적인 미래를 머릿속에 그리며 나아간다. 그래서 두려움이란 것과 함께 살아간다. 두려움은 직면하면 될 뿐 그 앞에서 무릎 꿇고 좌절할 이유가 없다. 그냥 넘어서면 되는 것이다.

일단 한번 해보고 나면 어떤 일이든 할 만해지는데, 처음이 힘들어서 그렇다. 세계대공황 시절 무일푼에서 미국 50대 부자가 된 클레멘트 스톤이 《절대 실패하지 않는 성공 시스템》에서 한 말을 기억하자.

> 일단 운동을 시작한 물체를 계속 움직이게 하는 것보다, 정지해 있는 물체가 관성을 이겨내고 출발하는 데 더 많은 에너지가 든다. 이것은 어떤 곳에도 적용되는 보편법칙이다. 무언가를 강렬히 원하지만 시작도 못하고 있다면 미지에 대해 두려움이 있기 때문이다. 그 두려움을 이기고 일단 시작하기만 한다면 그 어떤 장애도 우리를 막지 못한다.

10

돈을 끌어당기는 마음의 법칙

문득 주위를 둘러보니 신기한 현상이 발견됐다. 혈액형이 B형인 내가 친하게 지낸 사람들을 알고 보니 그들도 대부분 B형이었다. 친한 사람들 집단이 달라도 각각의 집단에서 친해지는 사람은 어김없이 B형이었다. 뭔가 확실히 서로 끌어당기는 무언가가 있다는 것을 믿게 됐다. 혹시 지금 이 책을 읽고 있는 독자가 B형이라면 주위 사람들의 혈액형을 알아보고 나서 깜짝 놀랄 수도 있다. 설령 혈액형이 다른 사람이라도 비슷한 성향을 가진 사람끼리 모이는 현상에 놀랄 것이다.

'유유상종(類類相從)'이라고, 비슷한 것끼리 모이기 마련이다. 그래서 부모들은 자식들에게 늘 친구를 잘 사귀어야 한다고 강조한다. 비슷한 성향을 가진 사람들끼리 모여 친구가 되기 때문에 인간관계를 맺을 때 조심하라고 조언한 것이다. 그런데 반대로 생각해서, 내가 먼저 좋은 사람이 되는 건 어떨까? 스스로 좋은 인성을 가지고 있다면 나를 흠모하는 사람을 만나게 되고 자연스럽게 좋은 친구로서 사귀게 될 것이다.

행복한 부부생활의 첫 번째 지침은 서로만 바라보는 대신 같은 방향을 향하는 것이라 했다. 철길 위 평행선처럼 일정한 거리를 유지하되 같은 곳을 향해 나아가란 뜻인데, 아직도 싱글인 내게 그 의미가 가슴 깊이 다가오진 않았었다. 서로가 좋아 죽을 거 같아서 결혼을 했는데 왜 서로를 바라보는 대신 같은 방향을 향하라는 것인지 도리어 이해할 수 없었다.

그런데 책을 쓰고 나니 이제는 조금 알 것만 같다. 사람은 누구나 고유한 매력을 가지고 있다. 매력이 강하면 이성을 끌어당기고 매력이 약하면 이성이 멀어지기도 한다. 과거 첫사랑을 너무나 좋아해서 바라만 봐도 기분이 좋았고 늘 연락하고 편지를 쓰곤 했었다. 끌어당기기보다 쫓아가는 것이 정답이라 생각했고 감정이 치솟아 올라 주체할 수 없던, 뜨거운 열정이 넘치던 시절이 있었다.

첫사랑은 첫사랑일 뿐이라고 했던가. 가수 일기예보의 〈인형의 꿈〉의 가사처럼 한곳만 바라보며 수년간 한 여자만을 좋아했다. 바라만 봐도 마음이 벅차올랐지만 어떻게 사랑을 받을 수 있을지 당시에는 전혀 몰랐다. 그리고 나와 맞는 사람인지 알지도 못한 채 홀로 감동하는 사랑에 푹 빠져 있었다.

사랑 또한 끌어당겨야 한다. 밀어내지만 않는다면 끌어당길 수 있다. 바라만 본다고 얻을 수 있는 것은 아니다. 사랑은 내 안에 있기 때문에 내재된 사랑의 감정을 끄집어내야 한다. 자신을 가꾸고 빛내면 원하는 이성을 끌어당길 수 있다. 자신의 마음을 드러내고도 사랑이 이루어지지 않는다고 오랜 시간 가슴 아파하지 않았으면 한다. 먼저 자신을 사랑하고 내 안의 보석을 끄집어내 갈고닦아 스스로 빛이 나는 사람이 되자. 그러면 저 멀리에서도 나를 알아보는 사람이 있어 끌려올 것이다.

우리는 비슷한 것을 끌어당기는 능력을 가지고 있다. 이는 과거의 행동과 생각이 켜켜이 쌓여 형성된 의식이 자신과 유사한 것을 끌어오는 것이다. 무슨 생각을 가지고 어떤 행동을 하느냐가 오늘을 결정하고 내일을 만든다. 성공하고 싶고, 돈을 모으고 싶다면 먼저 마음속에서부터 부와 관련된 것들만 상상해야 한다. 상상으로 원하는 것을 구현하는 과정에 대해 사나야 로만, 듀앤 패커는 《돈을 끌어오는 마음의 법칙》에서 이렇게 말했다.

무언가를 손에 넣을 수 있다고 확신하면 긍정적인 영상이 그려지고, 주인이 된 자신을 볼 수 있게 된다. 소박하고 간단한 것을 창조하는 경위부터 관찰하라. 어렵지 않게 창조할 수 있는 것부터 시작해 창조력을 계발하라. 자신의 창조력을 확신한다면 한계를 뛰어넘으며 무언가를 구현해낼 수 있을 것이다. 여러분이 창조하지 못할 것은 없다. 무한한 세계에 살고 있으니, 무엇이든 가능하다.

상상에는 한계가 없다. 상상으로는 어디든지 원하는 곳으로 갈 수 있고 무엇이든 가질 수 있다. 다만 얼마나 더 구체적으로 상상하느냐에 따라, 얼마나 더 세밀하게 느끼느냐에 따라 어느 정도 빨리 상상이 현실이 되는지를 결정한다. 수입차가 사고 싶다면 매장에 가서 직접 차를 타보든가, 모형 자동차를 사서 매일 쳐다본다든지 해서 실제로 그 차를 가졌을 때 느낄 만한 감정을 미리 경험해야 한다. 그러면 실제 차를 구입했을 때에는 마치 아무것도 아닌 것처럼 느껴질 것이다. 이미 차를 사기 전부터 실제처럼 느꼈기 때문에 덤덤한 것이다.

무언가를 가졌을 땐 그전의 간절함이 식고 무덤덤해진다. 목표를 달성한 후 허탈해지는 느낌은 괜히 생겨나는 것이 아니다. 당연한 과정이다. 목표가 이뤄지기 전부터 이미 이루어졌다고 수도 없이 상상하며 성취의 기쁨을 미리 느꼈기 때문이다. 이때엔 다음 목표를 마음속에 그리고, 이미 이루어졌다고 확신을 가진 채 다시 뛰어야 한다.

마음속에 부가 자리를 잡고 풍요로움을 발산해서 느낄 수 있을 때에야 비로소 부를 끌어당길 수 있다. 신념이 강하면 그대로 행동하게 된다. 믿는 대로 이뤄지는 것은 강한 신념을 이루기 위해 행동을 하기 때문이다. 신념에 대해 영국 케임브리지대 장하준 교수는 다음과 같이 말했다.

> 200년 전에 노예해방을 외치면 미친 사람 취급을 받았습니다. 100년 전에 여자에게 투표권을 달라고 하면 감옥에 집어넣었습니다. 50년 전에 식민지에서 독립운동을 하면 테러리스트로 수배당했습니다. 단기적으로 보면 불가능해 보여도 장기적으로 보면 사회는 계속 발전합니다. 그러니 지금 당장 이루어지지 않을 것처럼 보여도 대안이 무엇인가 찾고 이야기해야 합니다.

1996년부터 유통 중인 인도 지폐의 인물은 모두 간디다. 그래서 '마하트마 간디 시리즈'로 불린다. 인도의 민족운동 지도자이자 인도 건국의 아버지인 그는 "당신 스스로 당신이 바라는 세상의 변화가 돼라"고 했다. 처음 이 말을 들었을 때 새로운 세상이 열리는 듯한 느낌을 받았다. 태풍이 온 세상을 휩쓸고 지나가듯 나의 의식이 완전히 새로 태어났다. 어떤 변화를 원할 때 자신의 모든 것을 내던져 변화 그 자체가 되라는 말에 전율이 일었다. 그곳이 어디든 나의 신념이 한곳을 향하면 주위 환경은 그에 따르게 되어 있다. 삶을 걸고 꿈에 집중하면 나와 온 우주 그리고 주위 사람들이 그 꿈이 이뤄지도록 도와준다. 그저 믿음을 가지고 꿈을 향해 걸으면 된다.

어느 봄날 자동차로 꽉 찬 사거리에서 길을 건너기 위해 기다리고 있던 때였다. 배기가스 때문에 주위 공기는 탁했고, 소음도 심한 그때 무엇 때문인지는 몰라도 무심코 고개를 들었다. 눈에 띈 건 새싹이었다. 형광 녹색을 띤 새싹은 주위 환경이 어떠하든 봄이 되면 늘 자신의 모습을 드러냈다. 그냥 그랬다. 그 순간 별것 없는 하루 중에도 어디에 시선을 두느냐에 따라 삶이 달라짐을 알았다. 그냥 봄이 됐기에 자신에게 주어진 성장의 방향대로 싹이 되어 세상에 나온 것이지만, 새로이 틔운 새싹은 아름다웠다. 마음의 눈으로 세상을 어떻게 바라보느냐가 아름다운 세상을 창조한다.

마음 그릇엔 늘 무언가 가득 차 있다. 긍정이 들어차면 부정을 밀어내게 된다. 반대로 부정이 들어오면 긍정은 밀려난다. 우리가 늘 긍정적인 것만 생각하고 말해야 하는 이유가 여기에 있다. 마음속에 원하는 것을 채워놓지 않으면 원하지 않는 것이 들어차게 되어 있다. 부가 채워지지 않으면 어김없이 가난이 내 마음을 차지한다. 이를 명심해야 한다. 그래서 부유해지고 싶다면 늘 부에 관해서만 관심을 가지고 가난에서 시선을 떼야 한다.

원하는 것이 있다면 그것만 생각하고, 그것이 이루어진 미래를 상상해야 한다. 여기서 중요한 것은 상상을 실현시키는 주체가 자기 자신이라는 것이다. 누구도 나를 대신해 꿈을 이뤄줄 수는 없다. 내가 먼저 꿈을 이룬 것처럼 상상하고 생각을 해야 그에 걸맞은 행동을 할 수 있기 때문이다. 나 스스로가 부자가 됐다고 여겼을 때에야 비로소 부를 끌어당길 수 있다. 자기 스스로가 부를 끌어당기는 강력한 자석이 되어야 한다.